Roland Kachler

Meine Trauer wird dich finden

Roland Kachler

Meine Trauer wird dich finden

Ein neuer Ansatz in der Trauerarbeit

HERDER

FREIBURG · BASEL · WIEN

MIX
Papier | Fördert gute Waldnutzung
FSC® C014496

Neuausgabe

Titel der Originalausgabe: Meine Trauer wird dich finden.
Ein neuer Ansatz in der Trauerarbeit

ISBN 978-3-7831-2585-6

Hermann-Herder-Str. 4, 79104 Freiburg

www.herder.de
Bei Fragen zur Produktsicherheit wenden Sie sich an
produktsicherheit@herder.de

Umschlagmotiv: 123rf.com
Umschlaggestaltung: agentur IDee

Satz: detepe, Aalen
Herstellung: GGP Media GmbH, Pößneck

Printed in Germany

ISBN 978-3-451-60045-6

Inhaltsverzeichnis

Vorwort

»Meine Liebe weiterleben«

Vorwort

Fünfzehn Jahre sind seit dem Tod unseres Sohns Simon vergangen. Zwölf Jahre sind verstrichen seit der Niederschrift dieses ersten Trauerbuches, das Sie nun in Ihren Händen halten. Damals in den ersten Jahren nach dem Tod von Simon war dieses Schreiben ein Versuch, meinen unendlichen Schmerz und meine abgrundtiefe Trauer in Worte zu fassen.

Ich wusste aber auch, dass ich in diesem Buch etwas grundlegend Neues zur Trauer sagen muss. Mit der damals gültigen Trauerpsychologie konnte und wollte ich nicht leben. Ich wollte in meinem Trauerprozess mehr als Abschiednehmen. Ich wollte – und will es übrigens bis heute – meine Liebe zu meinem Sohn weiterleben können. Und dafür suchte ich nach Worten, nach Ideen und nach Konzepten. Dabei ist der zentrale Grundgedanke dieses Buches entstanden: Wir brauchen für unsere verstorbenen geliebten Menschen einen bergenden, schützenden, haltenden und heilsamen Ort. Wir brauchen diesen – so der Fachbegriff – sicheren Ort, damit wir unseren geliebten Menschen nicht noch einmal verlieren. Wir brauchen diesen Ort für unseren geliebten Menschen, damit wir ihn weiter lieben und bewahren können.

Ich wusste und ahnte nicht, welche große Resonanz dieser neue Traueransatz bei Trauernden finden würde und immer noch findet. Die Zustimmung in vielen Briefen, E-Mails, Anrufen und direkten Reaktionen nach Vorträgen war und ist bis heute unglaublich. Immer wieder höre ich, wie gut das Buch Menschen bei ihrem Verlust tut, wie hilfreich es für sie ist.

Dieses Trauerbuch stellt das alte Dogma von der Trauer als reinem Abschiedsprozess infrage und überwindet damit auch das von Trauernden so gefürchtete »Loslassen«. »Meine Trauer wird dich finden« war und ist wie eine befreiende Erlaubnis, so zu trauern, wie es Trauernden naheliegt, und in der Trauer und über die Trauer hinaus lieben zu dürfen.

Neu ist überdies die Anwendung von Imaginationen in der Trauerarbeit und für den Trauerprozess. Auch bei Psychotherapeuten und Trauerbegleitern stieß dieser neue Ansatz weithin auf breite Zustimmung. Noch bis vor Kurzem waren Psychotherapeuten, Ärzte und Pfarrer nur unzureichend für die Trauerbegleitung ausgebildet, lange waren sie von den alten Trauermodellen geprägt. Doch seit dem Erscheinen von »Meine Trauer wird dich finden« hat sich auch hier viel geändert, nicht zuletzt durch meine Vorträge und Fortbildungsseminare bei professionellen Trauerbegleitern. Auch wenn in der Öffentlichkeit immer noch die veralteten Phasenmodelle und das Loslassen dominieren, so kann doch bei der informierten Gruppe der Trauerbegleiterinnen und Trauerbegleiter von einem Wandel gesprochen werden.

Die Trauer wird als kreative Beziehungskraft verstanden, über die einerseits die konkrete, äußere Abwesenheit des geliebten Menschen realisiert werden muss, und über die andererseits die innere Beziehung zu ihm gefunden werden kann.

Fünfzehn Jahre sind seit dem Tod unseres Sohnes Simon vergangen. Ein langer Trauerweg liegt hinter mir und meiner Familie. Auf dem Weg durch die dunkle Landschaft der Trauer war das erste Buch ein wichtiger Orientierungspunkt, von dem auch ich meinen Trauerweg als Liebesweg gehen konnte.

Heute kann ich sagen, dass dieses Trauerbuch auch mir selbst geholfen hat – und es wird noch vielen Menschen in ihrem Schmerz um einen nahen Menschen weiter helfen. Dieses Buch ist so aktuell wie damals vor fünfzehn Jahren. Und es ist hoffentlich für Sie ganz persönlich heute so hilfreich, wie es bisher für viele Menschen war. So erscheint das Buch »Meine Trauer wird dich finden« in einem neuen Gewand mit der immer noch neuen und so hilfreichen Botschaft: Lassen Sie nicht los, sondern lieben Sie über den Tod Ihres nahen Angehörigen hinaus.

Roland Kachler
Remseck

1 Trauern – mehr als Abschiednehmen!

»Meine Liebe zu dir will bleiben«

Loslassen ist nicht nötig – Der Abschied von einem Dogma der Trauerpsychologie

Ich stehe am offenen Grab. Die Sargträger ziehen die Hölzer unter dem Sarg weg, die Seile spannen sich. Dann lassen sie den Sarg langsam ins Grab. Ich weiß, dass in diesem Holzkasten mein Sohn liegt. Nun wird es endgültig sein: Mein Sohn ist nicht mehr da. Er ist nicht mehr bei mir. Mein Entsetzen ist so groß, dass ich nicht begreife, was hier eigentlich passiert.

Das ist der letzte Abschied. Ich muss scheiden von meinem Sohn, und er von mir. Ich muss unter-scheiden, zwischen mir, dem Lebenden, und meinem Sohn, dem Toten. Ich muss loslassen. Meinen Sohn aus den Händen geben. So sagt es der Pfarrer am Grab, so sagt es die derzeitige Trauerliteratur.

Doch in meiner eigenen Trauer spüre ich mehr denn je: Ich will nicht Abschiednehmen, Loslassen schon gar nicht. Ich weiß natürlich, dass mein Sohn nicht mehr lebt und deshalb leiblich nicht mehr greifbar ist. Und dennoch und gerade deshalb möchte ich ihn nicht verlieren, sondern weiterhin eine Beziehung mit ihm leben – natürlich eine Beziehung, die anders aussieht als die zu einem lebenden Menschen.

Deshalb geht es mir in diesem Buch um ein neues Modell des Trauerns. Ein Modell, das dem Hinterbliebenen hilft, *mit* dem Verstorbenen und nicht ohne ihn zu leben. Nicht das Loslassen steht im Zentrum, sondern die Liebe zum Verstorbenen, die weiter reicht. Auch wenn der Tod das Leben des Verstorbenen beendet, die Liebe des Hinterbliebenen beendet er nicht.

Der Tod verändert nur die Beziehung zum Verstorbenen. In der Liebe des Hinterbliebenen lebt diese Beziehung weiter!

Es geht eben nicht nur um Loslassen und Abschiednehmen, auch wenn das nach der gültigen Trauerpsychologie das Ziel jeder Trauer ist und sein soll. Die Trauer, so der wissenschaftliche

Konsens, ist die Emotion des Abschieds. Die Trauer hilft dem Hinterbliebenen, den Verstorbenen loszulassen. Diesen die ganze Trauerpsychologie auch heute noch bestimmenden Grundgedanken formulierte Sigmund Freud schon 1913 in seiner Schrift »Totem und Tabu« wie folgt: »Die Trauer hat eine ganz bestimmte psychische Aufgabe zu erledigen, sie soll die Erinnerungen und Erwartungen der Überlebenden von den Toten ablösen.« *(Freud, Gesammelte Werke, Bd. IX, S. 82)*. In seiner für die Psychologie der Trauer sehr einflussreichen Schrift »Trauer und Melancholie« *(Freud, Gesammelte Werke, Bd. X)* vertieft Freud diesen Ansatz weiter. Die Ablösung erfordert vom Trauernden sehr viel Energie. Deshalb wird dieser Prozess von Freud als »Trauerarbeit« beschrieben. Die bisherige Trauerpsychologie empfiehlt daher nachdrücklich:

- Lerne den Tod des Verstorbenen als Realität zu sehen!
- Akzeptiere, dass der Verstorbene nicht mehr da ist!
- Lasse den Verstorbenen los!
- Nimm Abschied von ihm und dem bisherigen gemeinsamen Leben!
- Lerne ohne den Verstorbenen zu leben!
- Baue ein neues Leben ohne den Verstorbenen auf!

Auch ich habe als Psychotherapeut immer in diesem Sinn beraten: »Nehmen Sie Abschied! Lassen Sie los. Beerdigen Sie Ihren Angehörigen. Suchen Sie nach neuen und anderen Lebenszielen und nach neuen Beziehungen.« Oft habe ich den Betroffenen Abschiedsrituale vorgeschlagen, in der Hoffnung, dass der Trauernde »endlich« loslassen kann.

Ich habe natürlich wahrgenommen, dass Trauernde sich dabei nicht richtig verstanden fühlten und sich nicht selten gegen mein Drängen auf Loslassen wehrten. Aber ich dachte, das sei ein vorübergehender Widerstand und der Betroffene sei noch nicht »so weit«, für dieses Abschiednehmen. Mit Hilfe der Psychotherapie sollte er zum Loslassen gelangen, schließlich meinte ich als Psychologe zu wissen, was in der Trauerarbeit nötig und hilfreich ist. Dabei argumentierte ich durchaus in Übereinstimmung mit der gesamten Trauerliteratur. Ich wusste es nicht besser. Ich selbst hatte bis dahin keinen eigenen schweren Verlust erlebt und kannte von daher die tiefen Gefühle von Trauernden nicht aus eigener Erfahrung.

Die kleinen, weniger schweren Verluste, die ich bis dahin erlebt hatte, waren im Loslassen durchaus bewältigt. Für leichtere Verluste mögen die bisherigen Trauermodelle und Empfehlungen ausreichen. Nicht aber für schwere, schmerzliche Verluste von sehr nahe stehenden Menschen.

So fühlte ich mich in meiner eigenen Trauer um meinen Sohn dann auch von der gängigen Trauerliteratur nicht verstanden. Wirkliche Hilfe erfuhr ich dort nicht. Im Gegenteil: Mein Ärger über die Psychologie, über die Trauerratgeber wurde immer größer. Warum wird dort meine ungeheure Sehnsucht nach meinem Sohn nicht gesehen, geschweige denn verstanden? Warum wird dort nicht akzeptiert, dass ich nicht loslassen will? Ich will doch festhalten, natürlich nicht den Toten, der vor mir im Sarg liegt, nicht den Leichnam. Aber etwas anderes – nämlich das Wesen, die Gestalt, die Person, das Du des geliebten Menschen. Warum hilft dazu die Trauerliteratur nicht? Warum unterstützt sie mich nicht dabei, eine andere, neue, aber nicht weniger intensive Beziehung zu meinem Sohn zu finden?

Für diese Sehnsucht nach einer inneren Beziehung möchte ich Hilfestellungen geben, nicht zum Loslassen! Und ich weiß inzwischen, dass viele Trauernde genau darin Begleitung suchen, von der Trauerpsychologie in dieser Hinsicht aber alleine gelassen werden.

Deshalb schreibe ich dieses Buch – als Hilfe für andere Menschen in diesem ganz anders verstandenen Trauerprozess und als Beschreibung meines eigenen Weges zu einer neuen Beziehung zu meinem Sohn. Dafür habe ich mich von den gängigen Vorstellungen der Trauerpsychologie gelöst und mich meinen eigenen Erfahrungen überlassen. Ich habe mit anderen Trauernden geredet, deren Verlust zwei, acht oder über zwanzig Jahre zurückliegt. Immer wieder habe ich bei mir und anderen entdeckt, dass die Beziehung zum Verstorbenen nicht zu Ende ist. Sie geht weiter, anders zwar, aber nicht mit weniger Nähe, nicht mit weniger Liebe – im Gegenteil.

Wie erleichtert war ich, als ich dann bei meinen Recherchen auf neuere amerikanische Trauerliteratur stieß, in der ich mich in meinen Erfahrungen bestätigt sah. Dennis Klass und dessen Kollegen *(Klass, Silverman u. Nickman, 1996)* haben in vielen empirischen Untersuchungen gezeigt, dass trauernde Eltern oder trauernde Geschwister, Witwer und Witwen und trauernde Partner die Beziehung zum Verstorbenen weiterleben.

So wurde mir mehr und mehr deutlich: Trauern ist nicht nur die Emotion des Abschieds, sondern Trauer ist das Gefühl, das Hinterbliebenen hilft, eine neue Beziehung zum Verstorbenen zu finden.

Ihr Widerstreben gegen das Loslassen ist in Ordnung. Nehmen Sie sich hier in Ihren Gefühlen und Wünschen ernst, was immer auch Trauerratgeber oder andere wie Psychologen, Ärzte, Angehörige oder Freunde sagen mögen.

Ihre Gefühle sagen Ihnen richtigerweise: Loslassen und Abschiednehmen ist nur ein Teil des Trauerns – aber nicht alles!

Muss ich die Liebe zurücknehmen?

In der Trauer drücken wir unseren Schmerz darüber aus, dass der geliebte Mensch nicht mehr leiblich da ist. Die Liebe, die ich diesem Menschen geschenkt habe, lässt sich mit ihm nicht mehr leben, jedenfalls nicht mehr in konkreter Form. Und umgekehrt werde ich von ihm auf diese Weise auch nicht mehr geliebt.

Die Trauerpsychologie hat daraus in der Nachfolge Freuds die Schlussfolgerung gezogen, dass wir unsere Liebe zum Verstorbenen zurücknehmen müssen. Die Liebe wird in der psychoanalytischen Theorie »Libido« genannt und als psychische Energie verstanden. Diese lassen wir dem anderen zufließen und mit ihr besetzen wir den anderen. In wichtige Beziehungen investieren wir also Energie in Form von Zuwendung und Engagement. Bei einem Verlust läuft diese Energie nun sozusagen ins Leere und findet keine Resonanz mehr. Deshalb muss der Trauernde diese Energie vom Verstorbenen abziehen und zurücknehmen. Auch dies ist ein wichtiger Teil der viel beschworenen Trauerarbeit. Hat der Trauernde seine Libido nun wieder zur eigenen Verfügung, ist er von der alten Beziehung frei und kann seine Liebesenergie in andere Beziehungen hineingeben.

Verstärkt wurde dieser Ansatz von der Bindungstheorie, die John Bowlby *(Bowlby, 1983)* entwickelt hat. In allen menschlichen Beziehungen, insbesondere zu geliebten Menschen, verwirklicht sich das angeborene Bedürfnis nach Bindung. Bowlby hat bei Tieren und Kindern, die von ihren Eltern getrennt wurden, beobachtet, dass sich diese nach anfänglichem Protest, nach Verzweiflung und Trauer mit dem Verlust abfinden. Er hat aus diesen Verhaltensbeobachtungen ganz ähnlich wie die Psychoanalyse geschlossen, dass die Trauer ihre Funktion darin hat, den Verlust zu akzeptieren und die Bindung aufzulösen.

Die Trauerpsychologie empfiehlt in der Nachfolge der Psychoanalyse und der Bindungstheorie deshalb den Trauernden Folgendes:

- Spüre in der Trauer, dass deine Liebe ins Leere geht.
- Realisiere, dass das Gegenüber deiner Liebe nicht mehr da ist.
- Lasse deine Wut darüber zu. Sie hilft dir, dich vom Verstorbenen zu distanzieren und zu lösen.
- Ziehe deine Liebesenergie ab, löse die emotionale Bindung zum Verstorbenen.
- Nimm deine Liebe zu dir zurück.
- Nutze die frei gewordene Energie für dich oder bringe sie in neue Beziehungen und Bindungen ein.

Auch hier wird wieder eine fundamentale Erfahrung vieler Trauernder übersehen: Zwar kann die Liebe nicht mehr konkret gelebt werden, aber sie geht nicht ins Leere. Der Verstorbene bleibt als Gegenüber in Erinnerungen oder inneren Bildern präsent. Und vor allem: Er bleibt für den Hinterbliebenen der geliebte Mensch, auch noch nach langer Zeit. Natürlich muss die Liebe nun andere Formen finden, in denen sie sich dem Verstorbenen zeigen kann. Und: Sie verändert sich auch im Lauf einer langen Zeit, so wie sich in jeder Beziehung die Liebe verändert.

Aber – so berichten viele – die Liebe bleibt. Und damit bleibt der Verstorbene eine wichtige Person im Leben vieler Hinterbliebener. Auch hier geht es im Trauerprozess nach meinem Verständnis nicht um das Beenden der Liebe, sondern um ihre Transformation. Die Trauer hilft bei dieser Wandlung der Liebe zum Verstorbenen.

- Lassen Sie in der Trauer Ihre Liebesgefühle zu. Diese dürfen ganz intensiv sein und Sie ganz erfüllen. Das ist nicht »verrückt«, sondern darin zeigt sich die Kraft Ihrer Seele, weiter lieben zu wollen.
- Vertrauen Sie der Liebeskraft Ihrer Seele! Sie wird auch nach dem Tod Ihres geliebten Menschen Wege finden, diesen weiter zu lieben, ihm nahe zu sein und mit ihm in Beziehung zu bleiben.
- Vertrauen sie der Wandlungsfähigkeit der Liebe! Sie wird neue Formen und neue Weisen des Liebens finden.

Ist weinen alles?

Natürlich gilt es in einer bestimmten Hinsicht loszulassen: Der Verstorbene wird leiblich nicht mehr da sein. Ich kann ihn nicht mehr umarmen, ich kann nicht mehr direkt mit ihm reden, ich kann seine Entwicklung nicht mehr mit ihm teilen. Ich verliere mit dem Verstorbenen unendlich viel, es ist ein ungeheuer großer Verlust, den ich als Leere oder als Wunde in mir erlebe.

Den Schmerz über diese schreckliche Realität drücke ich in meiner Trauer aus. Deshalb halte ich es für besser, von der Trauer nicht als Emotion des Abschiedes, sondern als Emotion des Verlustes zu sprechen.

Meine Trauer macht mir bis tief ins Körperliche hinein immer wieder aufs Neue schmerzlich bewusst, dass der andere weggegangen ist und nicht mehr leibhaftig da ist. In diesem Prozess lernt meine Seele allmählich, die reale Abwesenheit des Verstorbenen zu akzeptieren. Die Trauer wird vom Gefühl des Verlustes zu einem Gefühl, das den Abschied auf der realen Ebene ermöglicht. Insofern, und nur in diesem Sinn, kann man die Trauer als das Gefühl des Abschieds bezeichnen.

In der herkömmlichen Trauerpsychologie wird aber das Trauern selbst immer wieder einseitig funktionalisiert. Es soll das Loslassen und das Auflösen der Beziehung zum Verstorbenen ermöglichen. Damit wird die Trauer implizit und ungewollt zu einer »Negativemotion«, jedenfalls im Erleben des Trauernden. Die Trauer soll das fördern, was der Trauernde nicht will: das Hergeben, das Loslassen, das Abschiednehmen.

Dabei wird nicht zwischen dem äußeren Abschied und einer weitergehenden, inneren Beziehung zum Verstorbenen unterschieden.

Ungeachtet dieser wichtigen Differenzierung wird das Trauern generell als Mittel des Loslassens und des Abschiedes eingesetzt und auch der Eindruck vermittelt, dass nur eine bestimmte Art des Trauerns, wie zum Beispiel das expressive Weinen, richtig ist. Wir wissen aber, dass das Trauern individuell sehr verschieden zum Ausdruck kommen kann; häufig trauern Männer und Frauen auch sehr unterschiedlich. Diese wichtige Differenz wird oft zu wenig berücksichtigt.

Die Trauerpsychologie empfiehlt deshalb Folgendes:

- Erlaube dir deine Trauer, weil sie dir beim Loslassen hilft.
- Lebe deine Trauer aus: Schreie deinen Schmerz heraus, weine, lasse die Tränen zu – sooft und intensiv als möglich.
- Zeige deinen Schmerz und bringe ihn nach außen. Er hilft dir den Verlust zu »ver-schmerzen«.
- Lasse auch die anderen Gefühle wie Ohnmacht, Verzweiflung, Scham und Wut zu – auch sie sind Teil deiner Trauer, auch sie sind ganz in Ordnung.
- Lasse deine Wut zu, denn sie ist besonders wichtig für die Aufgabe des Loslassens.

Diese Empfehlungen halte ich, trotz der eben genannten Problematik, nach wie vor für wichtig. Immer noch brauchen viele Menschen in unserer Gesellschaft die Erlaubnis und die Ermutigung, sich auf ihre schmerzlichen Gefühle einzulassen, ihre Trauer zu leben und sie als etwas Wichtiges anzunehmen. Oft helfen auch Gruppen von Trauernden, in denen die Betroffenen ihre Trauer ohne Scheu zeigen und ausleben dürfen. Ebenso ist in vielen Fällen professionelle Hilfe in Form von psychologischer Beratung oder Psychotherapie angezeigt und nötig.

Die Trauer wird aber nur dann zu etwas Hilfreichem, wenn wir verstehen, dass sie nicht nur für das Loslassen notwendig ist. Die Trauer – so mein Verständnis – ist mehr als eine »Negativ- oder Loslassemotion«, sie ist Ausdruck der Liebe zum Verstorbenen. Bei meinem Verständnis von Gefühlen hat jedes Gefühl ganz zentral einen Beziehungsaspekt: Jedes ist der Versuch, mit anderen in einer bestimmten Weise in Beziehung zu treten. Deshalb ist für mich – und für viele andere Trauernde – das Gefühl der Trauer auch ein Kommunikationsversuch mit dem Verstorbenen über den Tod hinaus. Sie zeigt in ihrem Aspekt der Liebe, dass sie in Verbindung zum Verstorbenen bleiben will. Und das tut sie tatsächlich auch, wie viele Erfahrungen und die Untersuchungen von Dennis Klass (1996) zeigen.

Lassen Sie Ihre Trauer zu – in all ihren Formen, im Weinen, im Schreien, im Seufzen, in traurigen Gedanken, im stillen Traurigsein, im Rückzug oder wie auch immer sich Ihr Schmerz zeigen mag.

Bleiben Sie bei der Form des Trauerns, die für Sie stimmt. Sie müssen nicht immer sichtbar in Form von Tränen trauern – Sie finden die Form, die zu Ihnen passt.

Die Trauer zeigt Ihnen, dass Ihre Seele in Verbindung zum Verstorbenen bleiben will. Die Trauer ist Ausdruck Ihrer Liebe zu dem geliebten Menschen.

Bildlich gesprochen ist jede Träne, jedes Seufzen, jeder traurige Gedanke, jeder Teil Ihrer Trauer wie eine unendlich wertvolle Perle, die Sie Ihrem geliebten Mensch aus Liebe schenken.

Bildlich gesprochen ist Ihre Trauer selbst – wie immer sie bei Ihnen aussehen mag – ein Brief, den Sie aus Liebe Ihrem geliebten Menschen schicken.

Ist am Ende alles gut?

Nun sind zwei Jahre vergangen, seit mein Sohn tot ist. Es gibt Tage, da habe ich das Gefühl, dass es mir besser geht. Aber was heißt schon »besser«? Habe ich mich an seine Abwesenheit gewöhnt? Kann ich damit leben? An solchen »besseren« Tagen kann ich mich bei der Arbeit vergessen, kann auch wieder die kleinen Dinge des Lebens genießen. Ich erlebe also durchaus einen Fortschritt in meinem Trauerprozess.

Aber dann gibt es Momente und Tage, da ist überhaupt nichts besser. Da steigt meine tiefste Trauer auf, da falle ich wie zu Beginn in tiefste Löcher. Dann habe ich den Eindruck, es wird gar nichts besser, weil der Verlust meines Sohnes durch nichts, aber auch gar nichts zu ersetzen ist.

Und dann gibt es Momente und Zeiten, da will ich nicht, dass es mir besser geht, da will ich an der Trauer festhalten. In ihr erlebe ich mich meinem Sohn besonders nahe.

Von dieser doppelten Erfahrung berichten viele Trauernde, die einen schweren Verlust erlitten haben: Einerseits spüren sie ein Abnehmen ihrer Trauer, andererseits gibt es Tage, an denen die ganze Trauer wieder präsent ist. Hinterbliebene, deren Verlust über Jahre zurückliegt, berichten, dass es immer wieder traurige und sehnsuchtsvolle Momente gibt. Ihre Trauer ist in gewisser Weise nie ganz zu Ende.

In der gängigen Trauerliteratur werden dagegen Phasenmodelle der Trauer beschrieben. Sie erwecken den Eindruck, dass jeder Trauernde bestimmte Phasen durchlaufen muss und dabei bestimmte Traueraufgaben zu erledigen hat.

Dem Trauernden und den professionellen Trauerbegleitern wird empfohlen, diesen Trauerprozess entsprechend den vorgegebenen Phasen zu gestalten und sich auf diese Phasen so einzulassen, dass sie durchlebt und schließlich hinter sich gelassen werden können. Damit entsteht – von den Autoren sicherlich ungewollt – der Druck, dass am Ende des Prozesses die Trauer abgeschlossen, also der Verstorbene losgelassen sein soll.

Ein sehr bekanntes und die Trauerpsychologie prägendes Phasenmodell hat zum Beispiel Verena Kast *(1977)* erarbeitet:

- Phase des Nicht-Wahrhaben-Wollens:
  Zunächst möchte der Trauernde den Tod des geliebten Menschen nicht wahrhaben. Er verdrängt und verleugnet diese Realität immer wieder.
- Phase der aufbrechenden Emotionen:
  In dieser Phase brechen Schmerz, Trauer, Wut und Ohnmacht auf. Diese Gefühle gehören zum Trauerprozess und fördern diesen.
- Phase des Suchens und Sich-Trennens:
  Der Trauernde sucht den Verstorbenen so lange, bis er schmerzlich realisieren muss, dass dieser nicht mehr da ist. Damit wird das Abschiednehmen und Loslassen zu einer auch psychischen Realität im Trauernden.
- Phase des neuen Selbst- und Weltbezugs:
  Der Hinterbliebene kann sich neu auf die Welt und auf neue Beziehungen einlassen, nachdem er im Trauerprozess eine Veränderung seiner Person erlebt hat.

Ich will nicht leugnen, dass diese Modelle durchaus zur Orientierung über die eigene Situation in der Trauer helfen können. Sie sind wie eine grobe Landkarte, die mir zeigt, an welchem Ort ich mich auf meiner Trauerreise befinde.

Die Erfahrung bei schweren Verlusten zeigt auch, dass der Trauerprozess kein Durchleben von aufeinander folgenden Phasen ist, sondern zunächst ein immer neues Kreisen, ein Vorwärts- und dann wieder Zurückgehen darstellt. Dieser komplexe Prozess, der oft auch geprägt ist von Sprüngen, Abstürzen und Umwegen, dient einem Ziel, nämlich dem Finden einer inneren Beziehung zum Verstorbenen.

Der Trauerprozess mit seinen verschiedensten Erfahrungen ist also nicht nur ein Weg, der dem Akzeptieren der äußeren Realität des Verlustes dient, sondern er ist viel mehr: Er ist ein Weg zu einer neuen Liebe, er ist ein Weg zu einer Beziehung zum Verstorbenen, die gerade kein Ende kennt.

Auf diesem Weg möchte ich Sie, möchte ich Trauernde, möchte ich Hinterbliebene begleiten. Ich möchte Ihnen in diesem Buch Anregungen, Hilfestellungen und konkrete Übungen an die Hand geben, wie Sie Ihre ganz eigene Beziehung zu Ihrem verstorbenen geliebten Menschen finden und leben können.

- Erlauben Sie sich Ihr Widerstreben gegen die Vorstellungen »Die Zeit heilt schon alle Wunden« und »Am Ende wird alles gut«.
- Finden Sie Ihren ganz eigenen Weg durch die vielfältigen Erfahrungen des Trauerns.
- Erlauben Sie sich dabei Umwege, Abstürze, »Rückfälle«, Sprünge und andere ungewöhnliche Erfahrungen.
- Sie können Ihrem eigenen Weg trauen, weil die Kraft, nach einer anderen inneren Beziehung zu Ihrem geliebten Menschen zu suchen und diesen zu finden, in diesem Trauerweg steckt.
- Ihr Gefühl »Es wird nichts mehr so sein wie früher. Alles wird ganz anders sein« stimmt, denn eine äußere Beziehung zu Ihrem geliebten Menschen wird es nicht mehr geben, dafür eine ganz andere, eine innere Beziehung.
- Das eine kann und soll das andere nicht ersetzen. Und doch ist angesichts der Realität des Verlustes eine neue innere Beziehung zu Ihrem geliebten Menschen unendlich wertvoll und auch tröstlich.

2 Es bleibt aber die Liebe – Trauer als kreative Beziehungsarbeit

»In meiner Liebe bleibst du mir nahe«

Die Trauer bringt den Geliebten nahe

Mein Sohn ist nicht mehr da. Morgens muss ich ihn nicht mehr wecken, abends kommt er nicht mehr nach Hause. Wenn ich alleine zu Hause bin, ist seine Abwesenheit in der Leere des Hauses mit Händen zu greifen. Zugleich war mir mein Sohn noch nie so nahe. Ich höre seine Stimme und sein Lachen, ich sehe ihn vor mir. Ich spüre ihn neben mir, ganz leiblich, sehr konkret. Ich habe immer wieder das Gefühl, dass ich ihn berühren, ihn umarmen kann. Manchmal verschmelze ich förmlich mit ihm. Ich rede mit ihm und er mit mir. Wie ist das möglich, wie kann das sein? Er ist doch weg, unendlich weit weg?

Es ist eine verwirrende Erfahrung: Im Gegensatz zur eigenen Erwartung ist der Verstorbene mit seinem Tod nicht nur fern, sondern auch ungeheuer nah. Er ist gerade nicht abwesend, sondern innerlich anwesend. Er ist da – so intensiv wie nie. Die Beziehung und Bindung zu ihm ist nicht unterbrochen, sondern intensiviert – bis ins Schmerzhafte.

In der Trauerliteratur wird darauf kaum eingegangen, allenfalls wird es als vorübergehendes Phänomen in der Trauerphase des Suchens gewertet. Das bedeutet aber auch, dass der Trauernde diese Näheerfahrung überwinden sollte.

Ich möchte dagegen dieses Erleben ernst nehmen. Ich gehe hier aus von einer inneren Weisheit unserer Psyche oder unseres Unbewussten, aus der heraus alles psychische Erleben einen tieferen Sinn hat. Die überwältigende Näheerfahrung verstehe ich von daher als dringlichste Aufforderung unserer Seele: Bleib dem geliebten Menschen nah, lass ihn nicht einfach los. Und vor allem: Lass diese Nähe zu! Lebe sie! Die Näheerfahrung ist als Impuls zu verstehen, den geliebten Menschen als ein Gegenüber, als ein Du zu bewahren und in eine Beziehung zu ihm zu treten.

Der Hinterbliebene erlebt diese Nähe als eine Beziehung ganz eigener Qualität. Beschreibende Worte versagen hier. Wir könnten sie als innere, als geistige, als rein psychische Beziehung, kurz: als Liebe zu einem abwesenden Menschen verstehen.

Diese unterscheidet sich zunächst nicht von der Beziehung zweier Liebender, die über Monate und Jahre getrennt sind und sich nicht sehen können.

Anders als diese Liebenden kann der Trauernde aber nicht unmittelbar davon ausgehen, dass der Verstorbene lebt. Das steht für das konkrete Empfinden des Trauernden auch außer Frage. Er spürt das Gegenüber des geliebten Menschen. Er braucht dafür keine naturwissenschaftlichen Beweise. Auch esoterische oder spiritistische Spekulationen sind dazu nicht nötig. Der geliebte Mensch ist mir einfach nahe als Gegenüber, als ein Du mit einer eigenen Realität, die ich so gelten lassen und würdigen will.

Die Erfahrung, dass der Verstorbene nahe kommt, ist ein wichtiger Teil der Trauer und unendlich wertvoll. Sie lädt Sie ein, den geliebten Menschen als inneres Gegenüber zu bewahren. Lassen Sie diese Näheerfahrungen zu, und trauen Sie diesen als eine erste Form einer neuen Beziehung zum geliebten Menschen.

Wer solche Näheerfahrung noch nicht erlebt hat, kann sich darauf verlassen, dass die innere Weisheit seiner Seele andere Wege findet, die Beziehung zum geliebten Menschen zu knüpfen. Wir werden auf dem gemeinsamen Weg in diesem Buch viele Formen der Beziehungsgestaltung zum Verstorbenen entdecken.

Die Trauer ruft die Liebe wach

Der Verlust und der Schmerz rufen so intensiv wie kaum etwas im Leben eines Menschen Gefühle wach, die zunächst nicht zum Schmerz der Trauer zu passen scheinen. Für mich sind es die in der Trauerpsychologie unbeachteten und ausgeschlossenen Schwestern der Trauer. Sie passen nicht in die Konzepte, in denen die Trauer auf das Loslassen des Verstorbenen zielt. Diese Gefühle wollen das Gegenteil, nämlich die Nähe zum Verstorbenen. Auch sie zeigen allein durch ihre Existenz, dass sie in der Evolution des Menschen und in seiner Psyche einen wichtigen Platz und auch einen Sinn gerade in der Situation des Verlustes und des Todes besitzen.

- *Das Mitgefühl*: Weil wir den Verstorbenen liebten, fühlen wir mit seinem Schicksal. Er musste vielleicht lange leiden, er darf nicht mehr leben – er, den wir so sehr liebten. Das ist so, als hätte ich gelitten, als dürfte ich nicht mehr leben. Das rührt mein Herz, das bekümmert mich, das schmerzt mich. Viele Trauernde fühlen sich so intensiv in den Verstorbenen ein, dass sie ihm mit allen Mitteln unbedingt seinen Tod erspart hätten und gerne an seiner Stelle gestorben wären. In diesem starken Mitgefühl bei schweren Verlusten setzen sich viele Trauernde an die Stelle des Verstorbenen. Psychologisch gesehen identifizieren wir uns mit dem Verstorbenen. Darin zeigt sich der Wunsch unserer Seele, dem Verstorbenen ganz nahe sein zu wollen, gewissermaßen mit ihm zu verschmelzen. Wir brauchen diese Erfahrung als Fundament unserer späteren Beziehung zu ihm.

- *Die Liebe*: Intensiv bis in den äußersten Schmerz hinein zeigt mir der Verlust, wie sehr ich den verloren gegangenen Menschen liebte und jetzt erst recht liebe. Der Verlust ist wie ein Brennglas, in dem meine Liebe kristallklar und intensiv ins Bewusstsein tritt. Für viele Trauernde ist es verwirrend, manchmal beschämend, dass sie ihre Liebe zum Verstorbenen

so intensiv spüren wie noch nie. Doch gerade angesichts des Todes zeigt sich die Liebe mit ihrer ganzen Kraft, gerade jetzt ist sie in ihrer Intensität wichtig, gerade jetzt ist sie richtig. Dafür braucht sich niemand zu schämen.
Der Trauernde sieht den geliebten Menschen nun mit all dem, was dessen Person ausgemacht hat, was liebenswert an ihm war, was an gemeinsamer Liebe und Nähe bisher gelebt wurde. Das ganz Besondere, das Einmalige in der Person des Verstorbenen wird bis in die tiefsten Strukturen deutlich. Dabei wird auch schmerzlich erfahren, dass dieser Mensch, so wie ich ihn geliebt habe, einzigartig und unersetzbar ist. Alles andere tritt in den Hintergrund. Man kann das – wie häufig in der Trauerliteratur – als Idealisierung des Verstorbenen abwerten.
Dies wird dem eigentlichen Sinn dieser Liebeserfahrung in der Trauer nicht gerecht. Die Trauer ruft die Liebe wach und macht sie zur Gegenkraft zum Verlust. Die Liebe, auch gerade mit den Anteilen der Idealisierungen, zeigt sich so eindeutig, damit die Beziehung zum Verstorbenen über den Tod hinaus weitergehen kann.

– *Die Sehnsucht*: Die Sehnsucht – in der Psychologie kaum beachtet – ist die Kraft, die trotz der realen Abwesenheit des Geliebten weiter liebt und die nicht aufhört zu hoffen, den Geliebten eines Tages in die Arme schließen zu dürfen. Viele Trauernde berichten von einer geradezu rasenden, schmerzenden Sehnsucht. Die Sehnsucht glaubt an den abwesenden Geliebten. In der Sehnsucht ist er in Bildern, in Gefühlen und in Handlungen ständig präsent. Darin liegt die paradoxe Kraft des Gefühls der Sehnsucht: Sie weiß sehr wohl, dass der Verstorbene nicht mehr da ist, aber im Sehnen ist er dem Hinterbliebenen intensiv nahe. Bettina von Arnim beschreibt die paradoxe Kraft der Sehnsucht poetisch und doch psychologisch sehr präzise:

Wer sich nach Licht sehnt,
ist nicht lichtlos,
denn die Sehnsucht
ist schon Licht.

Diese drei zentralen Aspekte der Trauer machen deutlich, dass die Trauer in ihrem innersten Kern die Beziehung und die Liebe zum Verstorbenen beibehalten will. Das bestätigen mir viele Trauernde. Sie sind ganz erleichtert, wenn ich sie nach ihrer Sehnsucht und ihren Liebesgefühlen und nicht nur nach ihrem Schmerz frage.

Sehr deutlich wurden mir die Aspekte des Mitgefühls, der Liebe und der Sehnsucht bei einem elfjährigen Mädchen, das seine Mutter verloren hatte. Nach deren Tod entdeckte sie ein altes T-Shirt aus der Jugendzeit der Mutter. Sie zog es an und trug es wochen- und monatelang. Damit schlüpfte sie mitfühlend gewissermaßen in die Kleider ihrer Mutter, um sich mit ihr zu identifizieren. Immer wieder schlich sie in das Arbeitszimmer der Mutter, das nach deren Tod noch unberührt geblieben war. So konnte sie in ihrer Sehnsucht der Mutter nahe sein. Sie durchblätterte Fotoalben mit Bildern, die sie mit großer Liebe anschaute. Das Grab der Mutter dagegen mied sie, weil sie sich dem direkten Schmerz der Trauer nicht aussetzen wollte. Offensichtlich lebt dieses Mädchen die Beziehung zu ihrer Mutter, auch wenn sie nicht, wie von der Umwelt erwartet, regelmäßig das Grab ihrer Mutter besucht. Über die Brücke der Identifikation baut dieses Mädchen eine nahe innere Beziehung zu ihrer Mutter auf.

Dem zentralen Beziehungsaspekt der Trauer, wie er sich im Mitgefühl, in der Liebe und in der Sehnsucht zeigt, möchte ich in diesem Buch nachgehen. Ich möchte Sie gerne anleiten, in der Trauer die Liebe zu entdecken, sie ernst zu nehmen und sehr bewusst zu leben.

Achten Sie Ihr Mitgefühl mit dem Verstorbenen, Ihre Sehnsucht nach ihm und Ihre Liebe zu ihm. Diese Gefühle sind die innerste Kraft der Trauer, die die Beziehung zum Verstorbenen bewahren werden!

Bildlich gesprochen sind diese das innerste Licht im tiefen Dunkel der Trauer. Je mehr Sie sich auf diese Seite im Trauerprozess einlassen können, desto mehr kann sich die Trauer wandeln und ihre Beziehungskraft entfalten.

Nicht ohne die Toten, sondern mit ihnen leben – Was wir von der Ahnenverehrung lernen können

Die Idee des Abschieds, die nahe legt, dass der Verstorbene aus dem Leben verschwindet, ist ein neuzeitlicher Gedanke. Der Sozialphilosoph J. Baudrillard hat aufgezeigt, dass moderne Gesellschaften nicht nur den Tod, sondern auch die Toten aus dem gesellschaftlichen Leben verdrängt haben. Die Hoffnung, dass mit dieser Ausgrenzung das Leben einfacher oder leichter würde, hat sich nicht erfüllt, im Gegenteil! Mit dem Ausgrenzen der Toten hat sich das Leben verkürzt und entleert, weil die Beziehung zu den Toten als eigene Beziehungsrealität einfach nur abgeschnitten wird. Die Trauerpsychologie hat in der Nachfolge Freuds die neuzeitliche Verbannung der Toten unreflektiert übernommen und sie nun auch noch für die Seele des Einzelnen zum Ziel des Trauerprozesses erklärt. Eine innere Beziehung zum Verstorbenen wird deshalb immer noch als Symptom eines ungelösten, manchmal auch pathologisch gewerteten Trauerprozesses verstanden.

Dagegen gab es in fast allen alten Kulturen vor diesem Ausgrenzungsprozess die Ahnenverehrung. In ihr spiegelt sich, was unsere Seele eigentlich will: Mit den Toten weiterleben. Wenn man die Totenverehrung in verschiedenen Kulturen genauer untersucht, zeigen sich folgende Merkmale:

- Die Toten erhalten einen guten Platz in der Gemeinschaft, zum Beispiel sind sie in einem Hausaltar präsent oder sie werden wie bei Zulustämmen in Afrika in der Hütte der Familie des Verstorbenen beerdigt.
- Die Toten bleiben präsent im Leben, sie werden als anwesend erlebt und sind so Gegenüber und Gesprächspartner für die Lebenden.
- Die Toten wirken weiter, manchmal intensiver als im Leben. Dies kann durchaus auch bedrohlich für die Lebenden sein.

- Mit den Toten wird gelebt, zum Beispiel bei Festen, bei denen die Ahnen der Familie und des Dorfes mitfeiern.
- Die Toten werden geehrt und verehrt. So wird die Achtung für die Toten ausgedrückt.
- Für die Toten wird in Form von Opfern und Gaben etwas getan.
- Die Toten segnen die Lebenden und spenden ihnen Lebenskraft.

Für einen modernen Betrachter mag manches befremdlich erscheinen. Auch mir erging es bis zum Tod meines Sohnes so. Aber für mich als Trauerndem drückt sich in diesen Traditionen der Ahnenverehrung genau das aus, was ich fühle: Meine innere Beziehung zu meinem Sohn geht weiter. Und ich will diese Beziehung bewusst leben. Wenn ich mich und andere Trauernde genauer beobachte, dann entdecke ich, dass wir – freilich in anderem Gewand – unsere Trauer ganz ähnlich leben wie unsere Vorfahren ihre Ahnenkulte. Umgekehrt zeigen uns die Strukturen und Rituale der Ahnenverehrung nicht nur, dass unsere Seele die weitere Beziehung zum Verstorbenen will, sondern wie wir diese sehr bewusst gestalten können. Dazu möchte ich Sie als Leserin und Leser in diesem Buch ermutigen und anleiten.

Trauen Sie Ihrer Empfindung, dass Ihr verstorbener geliebter Mensch auch weiterhin zu Ihnen und zu Ihrem Leben gehört. Alte Menschheitserfahrungen ermutigen, mit den Verstorbenen zu leben, sie in unserer Seele wach zu halten und sie in unser Leben mit hinein zu nehmen.

Noch einmal: Die Toten gehören zu den Lebenden – Einsichten aus der systemischen Familientherapie

Immer wieder fragen mich Menschen, die mich neu kennen lernen: »Wie viele Kinder haben Sie?« Dann stockt mir der Atem. Was soll ich nun sagen? Soll ich den Tod meines Sohnes verleugnen? Gehört mein Sohn nicht mehr zu mir? Ist er nicht mehr mein Kind? Ich weiß, dass mein Sohn zur Familie gehört, auch weiterhin. Deshalb sage ich: »Ich habe zwei Kinder, eine Tochter und einen Sohn, der vor zwei Jahren starb.«

Was sich aus unserem Blick auf die Ahnenkulte ergeben hat und was ich in der eben geschilderten Situation immer wieder ganz hautnah erlebe, erhält nun weitere Unterstützung. Die Familientherapie nach Bert Hellinger *(Weber, 1993; Hellinger, 1994)* weist in vielen Familienaufstellungen nach, dass Verstorbene ebenso zum Familiensystem gehören wie die noch Lebenden.

Diese inzwischen sehr bekannte Methode hilft Menschen, ihre Probleme und Themen aus der eigenen Familiengeschichte heraus zu verstehen. Die Herkunftsfamilie des Betroffenen wird dazu mit einer Familienaufstellung dargestellt und sichtbar gemacht, sodass häufig unmittelbar die prägenden Kräfte und Hintergründe seiner Familie deutlich werden.

Dazu wählt der Betroffene aus einer Gruppe Teilnehmer aus, die stellvertretend die Rolle der einzelnen Familienmitglieder übernehmen. Diese Stellvertreter werden nun in einem großen Raum so aufgestellt, dass sie das innere Bild der Familie des Betroffenen abbilden. So stehen beispielsweise die Eltern voneinander abgewandt, weil sie sich innerlich schon lange getrennt haben; eine Tochter steht nahe der Mutter, weil sie mit der Mutter sehr stark mitgefühlt hat, während der Bruder den Vater anblickt, mit dem er sich verbunden fühlte. In einer solchen Aufstellung spüren einerseits die Stellvertreter, andererseits der Aufstellende und die Beobachter, was in dieser Familie fehlt oder wo sie aus dem Gleichgewicht geraten ist. Von daher erklären sich häufig die Probleme dieser Familie und des Aufstellenden.

Zunächst werden nur die noch lebenden Familienmitglieder aufgestellt, in einem zweiten Schritt werden auch die toten Familienmitglieder in die Familienaufstellung und damit in die Familie hereingeholt, insbesondere die, die vergessen oder in der Erinnerung der Familie getilgt wurden. Die Familienaufstellung wird dann vom Therapeut so verändert, dass auch die Verstorbenen einen guten Platz in der Familie erhalten. Mit diesem Schritt wird der Verstorbene von den noch Lebenden gesehen und geachtet. Wie in einem Ritual spricht zum Beispiel das nachgeborene Kind zum im Krieg gefallenen Vater: »Du bist mein Vater – ich achte und ehre dich.«

Dieses Ritual hat eine befreiende Wirkung auf die Nachfahren. Sie müssen nun nicht mehr das Problem oder das Lebensthema des Verstorbenen übernehmen und durch Nachahmung sühnen. Alle Beteiligten spüren nun eine Erleichterung und eine Ruhe, die ohne die Berücksichtigung des Verstorbenen nicht da war. Nun können auch die Energien und hilfreichen Botschaften des Verstorbenen als ein gutes Vermächtnis für die Nachfahren fruchtbar gemacht werden. Der Stellvertreter des Verstorbenen segnet die noch Lebenden und entlässt sie in deren eigenes Leben.

Was ich hier in aller Kürze geschildert habe, macht deutlich, dass Verstorbene sehr wohl zu den Lebenden gehören, nämlich zu deren Familie und in die Seelen der einzelnen Familienmitglieder. Das Unbewusste einer Familie und des einzelnen macht keinen Unterschied zwischen Lebenden und Toten, vielmehr sind alle noch wirkmächtig und in diesem Sinn »lebendig«. Alle – die Lebenden und die Toten – beziehen sich auf der unbewussten Ebene eines Familiensystems und der Seele aufeinander, stehen also in einer nahen Beziehung zueinander. Das Ganze einer Familie und die Seele des Einzelnen braucht beide – die Toten und die Lebenden!

Und das wissen Kinder in einer intuitiven und ursprünglichen Weise: Der Vater eines fünfjährigen Jungen war vor einigen Monaten gestorben. Seine Großmutter nahm ihn dann auf ein Familientreffen mit. Nach dem Kirchgang ging die ganze Familie in einer großen Gruppe zum Gasthaus. Mit dem Blick auf die Familie fragte der Junge: »Oma, gehören die alle zu uns?« »Ja, die gehören alle zu unserer Familie«, antwortete seine Großmutter. Nach kurzem Überlegen sagte darauf der Junge: »Aber der Papa gehört da auch dazu.« Dieser Junge spricht aus, was zum Ganzheitsgefühl der Psyche des einzelnen Familienmitglieds, aber auch des Familiensystems gehört: Die Verstorbenen sind wichtiger und lebendiger Teil der Familie, und umgekehrt ist Familie nur dann ganz, wenn die Verstorbenen in ihr anwesend sein dürfen.

Für das Verständnis der Trauer eröffnen sich damit neue Horizonte: Der Tod ist nicht das Ende familiärer und persönlicher Beziehungen. Vielmehr erhält im Trauerprozess der Verstorbene einen wichtigen und guten Platz im Ganzen der Familie und im Gesamtraum der Seele.

Die Welt derer, die leben, und die Welt derer, die tot sind, sind wohl sehr viel enger verknüpft und verwoben, als wir in unserem rationalen Denken der modernen Welt glauben. Das macht ein Brauch in Japan deutlich: Schon die Lebenden werden in die Grabinschrift eines Familiengrabes eingetragen. In blauen Schriftzeichen werden die Verstorbenen, in roten die noch Lebenden geschrieben. Die Verstorbenen gehören über den Tod hinaus zu den Lebenden, und die Lebenden gehören durch ihre Verpflichtung gegenüber den Toten in den Beziehungsraum der Toten. Der Unterschied zwischen den Lebenden und Toten ist klein und zeigt sich nur in der Farbe der Inschrift. Die Toten leben mit den Lebenden, die Lebenden mit den Toten. Die Verbindung zwischen den beiden Welten ist die beziehungsstiftende Kraft der Liebe, die sich wie die innere Glut in der Asche der Trauer verbirgt. Thornton Wilder hat dies unübertroffen so ausgedrückt:

Was bleibt, ist die Liebe. Da ist ein Land der Lebenden und ein Land der Toten, und die Brücke zwischen ihnen ist die Liebe – das einzige Bleibende, der einzige Sinn.
Thornton Wilder

3 Die Trauer sucht einen guten Ort

»Da werde ich dich immer finden«

Wo soll ich dich suchen?

Mein Sohn ist tot, er ist nicht mehr da. Unendlich weit entfernt ist er. Da gibt es nichts zu leugnen. Es gibt keine härtere Realität als dieses »Nicht mehr da!«. Das braucht mir niemand zu sagen. Meine Hände sind leer, meine Arme greifen ins Leere. Was heißt da loslassen? Er wurde mir weggerissen, weggenommen, entfernt von mir. Und zugleich will ich nur eines: Ich will ihn wieder sehen, ich will ihn haben. Da bin ich wie ein kleines verzweifeltes Kind. Wo finde ich meinen Sohn wieder? Es muss doch einen Ort geben, an dem ich ihn finde, an dem ich ihm begegnen kann. Es muss ihn doch irgendwo geben. Wo ist er hingegangen?

In der Trauer brechen viele Fragen auf. Bei plötzlichen Todesfällen, Unfällen oder Suiziden ist es häufig die Frage nach dem »Warum«. Immer wieder drängt sich die Frage auf: Wie konnte das passieren? Und warum musste es passieren? Und natürlich auch: Hätte ich es verhindern können? Sehr bald schon stellt sich in schweren Trauersituationen eine weitere unabweisbare Frage: Wo ist der Verstorbene? Gibt es einen Ort, an dem ich ihn finden kann, wo ich ihm begegnen kann?

Im Phasenmodell der Trauer (vgl. Kapitel 1) gehört diese Frage in die Phase des Suchens. Demnach sucht der Trauernde zunächst in der äußeren Realität, ob er den Verstorbenen entdecken kann. Und tatsächlich entdeckt der Trauernde ihn plötzlich. Wie aus dem Nichts auftauchend sah ich meinen Sohn um die Ecke kommen – um dann festzustellen, dass es ein anderer Junge seines Alters war. Für einen Moment war ich enttäuscht, doch durch die Begegnung irgendwie auch getröstet. Es war für mich wie ein Zeichen, dass mein Sohn nicht so weit entfernt sein kann, dass es einen Ort geben muss, an dem ich ihn finden kann.

Natürlich wusste ich dabei sehr genau und realistisch, dass ich ihn nicht auf der Straße, in seiner Schule oder an einem anderen Ort finden würde. Aber ich spürte auch, dass es einen solchen Ort geben wird, nicht in einer äußeren Realität, wohl aber in einer ganz anderen, inneren Wirklichkeit. Das vergebliche Suchen im

Äußeren hat also einen tieferen und weiterführenden Sinn: Die Seele sucht nach einem Ort, an dem der Verstorbene weiterlebt und deshalb die Fortdauer der Beziehung zu ihm möglich sein wird. Ein anderer Vater, der seinen dreißigjährigen Sohn verlor, drückte das so aus: »Ich weiß und glaube, dass mein Sohn an einem Ort ist, wo es ihm gut geht. Ich weiß nicht, wo das ist, aber dort geht es ihm gut.«

Es ist nicht erstaunlich, dass die erste Frage von trauernden Kindern bis zur Pubertät lautet: »Wo ist der Papa oder die Mama jetzt?« Für Kinder ist diese Frage ganz selbstverständlich und ungeheuer wichtig. Es scheint so, dass sie die Frage zunächst aus Sorge um den Verstorbenen stellen. Er soll es gut haben, er soll sicher aufgehoben sein. Umgekehrt gibt die Antwort dann auch den Kindern eine gewisse Sicherheit und Ruhe. Auch wenn eine Traurigkeit zurückbleibt, wenden sich die meisten Kinder wieder ihren alltäglichen Aufgaben zu, weil sie wissen, dass der Verstorbene sicher aufgehoben ist und er ihnen zum Beispiel vom Himmel herab fürsorglich zuschaut.

Man kann dies alles nun als kindliches Bedürfnis abwerten. Ich ziehe es vor, die Frage nach dem Ort des Verstorbenen als eine zentrale und wichtige Fähigkeit der Seele im Trauerprozess zu verstehen. Sie braucht das Wissen um einen sicheren Ort für den Verstorbenen, damit sie in Verbindung zu ihm bleiben kann. Auch hier zeigt die Trauer ihre kreative, beziehungsstiftende Kraft.

Lassen Sie die Frage nach dem Aufenthaltsort des Verstorbenen zu. Sie ist Ausdruck der beziehungsstiftenden Kraft der Trauer.

Ihre Seele braucht das Wissen um einen sicheren Ort für den Verstorbenen.

Der Tod als Reise zu einem neuen Ort

Die einfache Frage der Kinder nach dem Aufenthaltsort des Verstorbenen wird in allen Kulturen und Weltreligionen beantwortet. Die Frage und ihre Beantwortung stammen aus den archetypischen Schichten des Unbewussten. Wie C. G. Jung aufgezeigt hat, beantworten diese Schichten unserer Psyche allgemeine Menschheitsfragen mit Bildern, die sich ihrer Struktur nach über alle Zeiten und Kulturen hinweg gleichen *(Jung, 1985)*.

So wird der Tod überall als der große Übergang des Verstorbenen in eine andere Welt verstanden. Diese Reise in die Anderswelt wird in einer weit verbreiteten Symbolik als die Überfahrt über das Meer oder den Totenfluss, als Wanderung der Seele, als Aufstieg in den Himmel oder als Hinabsteigen in das Totenreich geschildert. Oft wird der Verstorbene oder seine unsterbliche Seele dabei von einem Begleiter wie einem Engel oder Fährmann geführt, weil die Reise beschwerlich und oft auch gefährlich ist.

Der Tod verlangt also nicht nur vom Trauernden, sondern auch vom Verstorbenen selbst einen Übergang und eine Veränderung. Trauerrituale wie das der Beerdigung sind daher Übergangsriten für den Hinterbliebenen wie für den Verstorbenen. Sie bereiten den Verstorbenen für diese Reise vor. So werden ihm in den Grabbeigaben steinzeitlicher Bestattungen Nahrung und Proviant für den Weg mitgegeben *(Stephenson, 1980; Barlowen, 2000)*.

In allen Mythen und Religionen, die den Tod als Übergang verstehen, ist das Ziel für den Verstorbenen ein Aufenthaltsort in der anderen, jenseitigen Welt. Dieser Ort ist meist ein Ort der Ruhe, des Friedens, der Sicherheit wie zum Beispiel das Paradies oder der Himmel. Oft ist es auch ein Ort überweltlicher Transzendenz wie die Lichterscheinung, die im Tibetanischen Totenbuch beschrieben wird.

Die negativen Pendants dieser Orte des Friedens wie der Hades bei den Griechen, die Scheol im Alten Testament oder die Hölle des christlichen Mittelalters zeigen umgekehrt, wie schrecklich es für den Verstorbenen wäre, an diesen Ort zu kommen und dort bleiben zu müssen. Auch hier drückt sich noch im Schrecklichen die Sehnsucht aus, eigentlich einen guten Ort für den Verstorbenen finden zu wollen.

In diesen archetypischen Bildern bildet sich ab, was jeder einzelne Trauernde bewusst und unbewusst im Trauerprozess tut: Seine Psyche sucht für den Verstorbenen einen guten Ort, an dem dieser geborgen und gehalten ist. Trauerarbeit ist deshalb vor allem auch die Bemühung der Seele, diesen Ort zu finden und einzurichten. Die Seele des Trauernden geht auf die Suchreise danach – sie tut das für den Verstorbenen und für sich selbst.

Die Trauer lädt uns ein, auf die Suchreise nach einem sicheren Ort für den Verstorbenen zu gehen. Lassen Sie Ihre Seele auf die Suche gehen, wie und wo immer sie suchen will. Erlauben Sie sich auch ganz konkret, also zum Beispiel in Ihrer häuslichen Umgebung, nach dem Verstorbenen Ausschau zu halten oder ihn am früheren gemeinsamen Urlaubsort zu suchen. Die Suchreise wird sich von konkreten äußeren Orten hin zu symbolischen, transzendenten oder innerseelischen Orten bewegen.

Sie können sicher sein, dass sich bei dieser Reise ein guter Ort für den Verstorbenen finden wird. Sie können dabei Ihrer Seele viel Zeit lassen. Sie brauchen nichts zu erzwingen, nichts zu tun oder zu wollen. Sie können Ihre Seele auf dieser Suchreise unterstützen. Nehmen Sie die Bilder auf, die mythische, religiöse und philosophische Traditionen über den sicheren Ort der Verstorbenen zur Verfügung stellen. Und vor allem: Nehmen Sie die Einfälle, Gedanken, Bilder und Träume wahr, die Ihnen Ihre Seele im Verlauf dieser Suchreise zukommen lässt.

Einen guten Ort für den Verstorbenen finden

Auch in der Psychotherapie von traumatisierten, also psychisch schwer verletzten und geschädigten Menschen hat das Bild eines sicheren und guten Ortes eine zentrale therapeutische Bedeutung. Ich möchte nun für die Trauerarbeit nach einem schweren Verlust wesentliche Elemente dieses therapeutischen Vorgehens *(Reddemann, 2001 und 2004)* aufgreifen und übernehmen.

In der Traumatherapie wird der Betroffene angeleitet, für sein traumatisiertes Ich einen sicheren Ort zu suchen. Dies findet in Form einer Fantasie- und Vorstellungsübung, also durch Imagination statt. Das jüngere, traumatisierte Ich des Betroffenen, meist das verletzte Ich aus der Kindheit, wird in der Vorstellung aus der schrecklichen Situation des Traumas herausgeführt und an einen Ort gebracht, an dem keine weitere Traumatisierung stattfinden kann und kein Täter hingelangen oder eindringen kann. Betroffene werden gebeten, sich einen solch absolut sicheren Ort vorzustellen. Das kann eine Insel sein, die von einem schützenden Zauberkreis umgeben ist; es könnte eine Burg oder es könnte eine schützende Höhle im Erdinneren sein. Dorthin wird dann das verletzte, jüngere Ich geführt. Betroffene berichten, dass sie sich damit geschützt fühlen und dabei ruhig werden.

Erstaunlich ist nun, dass die Bilder und Symbole der Traumatisierten für diese sicheren Orte sehr stark den Aufenthaltsorten für Verstorbene ähneln, wie sie in den religiösen Überlieferungen beschrieben werden. Offensichtlich stammen in beiden Fällen die Bilder aus den archetypischen Tiefenschichten der Seele. Unsere Psyche scheint mit dem Verstorbenen genauso umzugehen wie mit eigenen Persönlichkeitsanteilen. Das liegt natürlich auch nahe, da der verlorene, geliebte Mensch schon vor seinem Tod zu einem Teil in mir und zu einem Teil von mir geworden ist.

Im Bild des sicheren Ortes in der Imagination oder in den religiösen Überlieferungen zeigt sich die gleiche psychische Wirklichkeit. Ob dies auch einer naturwissenschaftlichen, »äußeren« Wirklichkeit entspricht, sei hier offen gelassen. Entscheidend ist für mich, was den Hinterbliebenen hilft, mit dem Verstorbenen weiter eine Beziehung zu leben. Wenn Sie als Leser oder Leserin sich auf die folgende kleine Imaginationsübung einlassen können, werden Sie unmittelbar spüren, wie tröstlich allein die Vorstellung oder der Gedanke des sicheren Ortes für Ihren Verstorbenen sein kann.

Auch im Weiteren werde ich immer wieder solche Imaginationsübungen vorschlagen. Diese Methode ist in verschiedenen psychotherapeutischen Ansätzen wie in der Aktiven Imagination in der Psychologie C. G. Jungs, im Katathymen Bilderleben, in der Hypnotherapie und zuletzt in der genannten Traumatherapie entwickelt worden.

Die Imagination hat sich dort als wichtiges Therapeutikum erwiesen. Deshalb möchte ich Sie in die Trauerarbeit einführen und Trauernden in Form von einzelnen Übungen zugänglich machen.

Hinweis: Alle Imaginationsübungen in diesem Buch können von Ihnen eigenständig durchgeführt werden. Tun Sie das so, wie es für Sie und Ihre besondere Situation stimmig ist. Zwingen Sie sich nicht zu den Übungen. Sie sind als Vorschlag und Einladung gedacht.

Wer wenig Erfahrung mit solchen Übungen hat oder zurzeit keinen Zugang zu ihnen findet, kann die Übungen wie die anderen Textteile des Buches nur lesen. Auch so entfalten die Bilder und Phantasiereisen ihre besondere Wirkung. Wenn Sie einen Schritt weitergehen möchten, können Sie sich die Übungen langsam und laut vorlesen und sich dabei zunehmend auf die Bilder der Übungen einlassen.

Wer Erfahrung hat, kann die Übungen als hilfreiches Material und Grundlage für eigene Imaginationen und Phantasiereisen nehmen.

Die Übungen dieses Buches ersetzen keine psychologische Begleitung (wie Seelsorge, Psychologische Beratung oder Psychotherapie), die bei schweren Verlusten anzuraten ist.

ÜBUNG

Erste Schritte auf der Suchreise nach einem sicheren Ort für den geliebten Menschen

Es tut gut, sich selbst einen ruhigen und geschützten Ort für diese Vorstellungsübung zu suchen und sich dann entspannt niederzulassen. Vielleicht möchten Sie auf einem Teppich am Boden liegen oder in einem bequemen Sessel oder einem guten Stuhl sitzen.

Zunächst werden noch viele Gedanken und Einfälle in Ihrem Kopf herumschwirren. Wahrscheinlich wird Ihnen Ihr verstorbener geliebter Mensch einfallen. Bilder und Erinnerungen werden aufsteigen, Trauer und Schmerz werden sich bemerkbar machen.

Lassen Sie das alles einfach zu. Manchmal kann die Trauer zu stark werden, dann steht jetzt vielleicht das Weinen im Vordergrund. Manchmal ist es dann für eine Imagination noch zu früh. Warten Sie ab, bis Sie wieder einen Impuls dazu in sich spüren.

Vielleicht aber möchten Sie jetzt einsteigen in eine Vorstellungsübung, bei der Sie die ersten Schritte auf der Suche nach einem sicheren Ort für Ihren geliebten Menschen tun können.

Ich möchte Sie einladen, sich einen Ort vorzustellen, an dem Sie sich zunächst selbst sicher fühlen, ein Ort, an dem Sie Ruhe und Frieden erleben können.

Lassen Sie diesen Ort vor Ihrem inneren Auge als Bild entstehen, so wie Ihre Seele das im Augenblick kann und mag. Es kann ein Bild sein, das sehr intensiv und nahe und groß ist, oder auch entfernter, vielleicht blasser oder klein. Es kann auch nur ein Gedanke sein.

Vielleicht fällt Ihnen ein Bild von einem großen Garten mit alten Bäumen ein. Vielleicht ist es eine Insel im Meer, vielleicht ist es eine Bergspitze oder ein großer Fels, vielleicht ein großer Baum, an dessen Stamm man sich lehnen kann. Es könnte ein helles und warmes Licht sein. Vielleicht sind es ganz andere Bilder. Bilder, die für Sie stimmen und an denen Sie sich ganz sicher und ganz geborgen fühlen.

Wenn Sie mögen, können Sie nun den nächsten Schritt gehen und an diesem sicheren Ort das Bild Ihres geliebten Menschen auftauchen lassen, sich vorstellen, dass er sich dort befindet, ruhig und sicher. Wenn Sie mögen, können Sie ihn an Ihrem sicheren Ort begrüßen, ihn in die Arme nehmen, und beide spüren Sie nun, wie gut es tut, an diesem sicheren Ort zu sein.

Irgendwann verabschieden Sie sich von Ihrem geliebten Menschen und diesem Bild. Sie tun das mit einem Schmerz, aber auch mit einem Gefühl des Getröstetseins, weil Sie sicher wissen: Ich kann meinen geliebten Menschen in diesem Bild immer wieder aufsuchen. Er ist und bleibt mir präsent, auch wenn ich nicht in unmittelbarem Kontakt zu ihm stehe.

In dieser Imaginationsübung tun wir eigentlich nur das, wobei wir uns immer wieder »ertappen«. Trauernde »erträumen« sich immer wieder Begegnungen mit dem Verstorbenen und spüren dabei intensive Nähe.

Im Trauerprozess ist unsere Seele ständig auf der Suche nach diesem Ort, an dem Begegnungen stattfinden können. Sehr häufig geschieht das auch unbewusst, oft auch nachts in unseren Träumen. Der Suchprozess ist also ein ganz natürlicher Vorgang, dem wir uns einfach überlassen können. Sehr häufig stellt sich das sichere Wissen um den Aufenthaltsort wie von selbst und »automatisch« ein.

Die innere Weisheit unseres Unbewussten sucht und prüft die verschiedenen Möglichkeiten eines Ortes, wie sie in diesem Buch beschrieben sind. Oft erprobt unsere Psyche verschiedene Orte, manchmal wechseln sie, oft sind es gleichzeitig mehrere. In den tieferen Schichten unserer Seele sind die Räume fließend und vieldimensional. Zunächst sind es eher konkrete Orte wie das Grab, allmählich werden die sicheren Orte für den Verstorbenen dann zu symbolischen oder innerpsychischen. Trotz der großen Verschiedenheit der guten Orte zeigen sich grundlegende und übereinstimmende Merkmale.

Es ist ein Ort,

- an dem der Verstorbene sein und leben kann
- an dem er geheilt wird und ganz werden kann
- an dem er geschützt ist
- an dem er Ruhe und Frieden findet
- an dem er für den Hinterbliebenen zu finden ist
- von dem her die Begegnung mit dem Verstorbenen möglich ist
- von dem aus die Beziehung mit ihm gelebt werden kann

Ich möchte Sie in diesem Buch auf Ihrer Suchreise nach einem sicheren Ort für den Verstorbenen begleiten. Ziel dieser Suchreise aber bleibt die Liebe. Sie ist die Brücke zum Ort des Verstorbenen. Die Beziehung zu ihm darf bleiben und wird bleiben – darin möchte ich Sie in diesem Buch unterstützen.

Auch der Trauernde braucht einen sicheren, haltenden Ort

Ein schwerer Verlust stürzt den Trauernden in tiefen Schmerz, Verzweiflung und Ohnmacht. Alles scheint zerbrochen zu sein, alles scheint ins Bodenlose zu stürzen. Diese bestürzenden und bedrängenden Gefühle überfluten den Trauernden gänzlich – anfangs *ist* er diese Gefühle ganz und gar. Der Trauernde ist vor allem zu Beginn seiner Trauerzeit untröstlich. Alle Versuche, ihn zu trösten, kommen bei ihm nicht an. Im Gegenteil: Er fühlt sich nur oberflächlich vertröstet, nicht verstanden oder gar durch leichtfertig gesagte Beileidsbezeugungen gekränkt. Für den Betroffenen fühlt sich die innere Welt leer an, und die äußere Welt ist belanglos oder wertlos geworden. Es gibt für ihn auf dieser Welt keinen Ort, an dem er sich noch aufhalten kann, geschweige denn, dass er sich irgendwo sicher fühlen könnte. Er fühlt sich in seinem Körper, in seiner Wohnung und in der Welt fremd und verloren, nirgendwo zugehörig oder heimisch. Für den Trauernden scheint es keinen sicheren Ort zu geben, an dem er sich gehalten fühlt.

Dennoch sehnt sich seine Seele nach einem Ort, an dem sie mit ihrer Trauer und ihrem Schmerz sein darf und an dem sie letztlich getröstet wird. Die Sehnsucht ist auch hier wieder das untrügliche Zeichen, dass es in den Schichten der Seele diesen sicheren Ort gibt, auch wenn er jetzt zugeschüttet und verloren ist. Die tiefen, archetypischen Schichten unserer Seele halten solch einen tröstenden Urgrund, eine bergende Schicht bereit. Sie zeigt sich in Bildern wie dem des bergenden Mutterschoßes oder dem der haltenden Vaterarme.

Auch Trauernde können, ähnlich wie traumatisierte Menschen, von den neuen Methoden und den im vorigen Abschnitt beschriebenen Erfahrungen der Traumatherapie profitieren. Zwar ist der Trauernde in der Regel nicht traumatisiert, doch ist es auch für ihn in seiner Ohnmacht und Verzweiflung hilfreich, sich innere Bildern eines sicheren und haltenden Ortes zu suchen oder in sich aufsteigen zu lassen. Der sichere Ort für den Trauernden ist ein Ort, an dem

- er sich zurückziehen, verstecken, »vergraben« und allein sein darf.
- er mit seinem Gefühl der Untröstlichkeit sein darf.
- er nicht gefasst oder stark sein muss.
- er nichts tun, bewältigen oder betrauern muss.
- er laut und leise, mit und ohne Tränen weinen darf, schluchzen, vor Schmerz zittern und krampfen, schreien, fluchen, schimpfen, sich vor Schmerz übergeben darf – einfach alles so leben darf, wie sein Schmerz es braucht.

An diesem inneren sicheren Ort entwickelt sich für den Trauernden allmählich und zunächst unbemerkt die Erfahrung, dass

- er *mit* seinem Schmerz, seiner Verzweiflung und Trauer gehalten ist.
- er *in* der Trauer seine Sehnsucht, sein Mitgefühl und seine Liebe zum Verstorbenen zunehmend spüren kann.
- er eine intensive Nähe zum Verstorbenen erleben kann und mit ihm in der Sphäre der Liebe verbunden ist.
- er sicher ist, dass auch der Verstorbene seinerseits einen sicheren Ort hat.
- er sich zumindest in ferner Ahnung getröstet fühlen kann, weil er an diesem Ort weiß, dass er mit dem Verstorbenen eine innere Beziehung weiterleben kann.

Wie findet der Trauernde nun solch einen Ort des Haltes und der Tröstungen? Zunächst scheint ihm der Weg dorthin abgeschnitten oder verwehrt zu sein. Doch die Sehnsucht nach einem solchen Ort ist eine hilfreiche Wegweiserin und kluge Begleiterin zu diesem guten Ort.

Zunächst ist es einfach nur der Wunsch, dass alles nicht wahr und der Schmerz vorbei sein möge. Es ist der Wunsch, in einen tiefen und unendlich lange währenden Schlaf zu fallen, in dem man nichts mehr spürt; es ist der Wunsch, sich unter einer großen Bettdecke zu verkriechen, sich dort einzurollen und sich wärmen zu lassen, und es ist der Wunsch, wie ein Embryo oder Säugling in starken Armen gehalten zu werden. Der Trauernde sollte sich diese Wünsche, in denen sich die Sehnsucht nach dem sicheren Ort zeigt, erlauben. Er darf sich als kleines Kind fühlen, das sich Schutz und Halt wünscht. Wenn der Trauernde diese Wünsche zulassen und ernst nehmen kann, wird er immer wieder auf Wegweiser, auf Vorzeichen und auf Erfahrung des sicheren Ortes stoßen.

Die Erfahrung eines Halt gebenden, tröstenden Ortes zeigt sich für den Trauernden beispielsweise darin,

- dass Freunde eine warme Mahlzeit oder einen Kaffee kochen.
- dass liebe Freunde ihn in ihren Armen halten, ihn streicheln oder seinen Kopf an sich drücken.
- dass er sich tief in sein Bett zurückzieht und sich einfach verkriecht.
- dass er sich auf den Boden legt oder in einen großen Sessel setzt und versucht, nur den haltenden Boden oder die stützende Fläche des Sessels zu spüren.
- dass er Orte in der Natur aufsucht, an denen er sich früher zurückgezogen hat, wie zum Beispiel eine bestimmte Lichtung in einem Wald, ein besonderer Platz an einem Fluss oder eine Bank auf einer Anhöhe.
- dass er Räume aufsucht, in denen er sich gehalten fühlt; für manche ist es eine bestimmte Kirche.
- dass er Orte aufsucht, an denen er dem Verstorbenen nahe sein kann. Das kann das Grab sein oder das Zimmer des Verstorbenen.
- dass er eine Gruppe für Trauernde besucht und die Gruppe selbst zu einem tröstenden Raum für ihn wird, weil er im Mitbetroffensein der Anderen eine unvergleichliche Nähe spürt.

Wenn der Trauernde mit seiner Sehnsucht nach solchen Zeichen des tröstenden Ortes sucht, wird er diesen immer wieder – wenigsten für Momente oder kurze Zeiten – begegnen. Zugleich wird auch das Tor dafür geöffnet, dass der Trauernde in sich selbst den sicheren, tröstenden Ort finden kann, und zwar in

- spontanen Körpererfahrungen, bei denen sich der Trauernde für Augenblicke in und von seinem Körper gehalten fühlt. Zunächst scheint der Schmerz oder die Trauer den ganzen Körper zu erfüllen, doch bei genauerem Hinspüren gibt es Körperbereiche, in denen der Schmerz weniger stark ist. Auch bei körperlicher Aktivität wie langem Spazierengehen spürt der Trauernde sich und seinen Körper wieder, er erlebt ihn als zu sich gehörig mit eigenen Grenzen. Manchmal erlebt er Momente des Wohlbefindens und erfährt, dass er sich in seinem Körper wieder zu Hause fühlen kann.
- seinen Träumen, in denen er von Gehaltensein und Getröstetsein träumt.
- Träumen vom Verstorbenen: Viele Trauernde berichten auch, dass ihnen ein Traum, in dem der Verstorbene noch lebt, eine vorübergehende »Auszeit« von der Trauer verschafft. In dieser Zeit fühlen sich die Trauernden vor der Trauer geschützt. Unser Unbewusstes schafft also sichere Inseln, die der Trauernde auch zur Erholung braucht.
- spontanen Bildern oder Erinnerungen, die dem Trauernden für Augenblicke Halt geben. Manchmal sind das Erinnerungen, in denen er mit dem Verstorbenen zusammen sein kann, manchmal sind es Sehnsuchtsbilder wie ein fernes Land, in dem es keine Trauer und keinen Tod gibt, manchmal sind es religiöse Bilder.
- bewusst und aktiv vorgestellten Bildern, wie es in der nun folgenden Übung vorgeschlagen wird.

Hinweis: Wenn es Ihnen im Augenblick schwer fällt, sich auf die Übung einzulassen oder sich die vorgeschlagenen Bilder nicht einstellen, dann ist das völlig in Ordnung. Dann ist im Moment nicht der richtige Zeitpunkt für eine solche Übung, oder für Sie sind andere Zugänge hilfreicher (vgl. oben). Sie können in diesem Fall die Übung als eine Erzählung lesen. Auch so werden die Bilder nach längerer Zeit ihre hilfreiche Kraft entfalten.

ÜBUNG

Ein sicherer Ort für den Trauernden

Suchen Sie sich einen Platz in der Wohnung oder im Haus, an dem Sie ungestört der folgenden Bildreise nachgehen können. Es ist gut, einen Platz zu suchen, an dem Sie sich zu Lebzeiten Ihres Angehörigen wohl und geborgen gefühlt haben.

Sie setzen sich bequem hin, schließen vielleicht Ihre Augen oder lassen Ihren Blick auf einer bestimmten, von Ihnen ausgewählten Stelle ruhen.

Ich möchte Sie nun zu einer Phantasiereise zu einem sicheren Ort einladen, an dem Sie sich trotz Ihres Schmerzes und Ihrer Trauer für kurze Zeit gehalten fühlen können. Den Schmerz, die Verzweiflung und die Ohnmacht, die Sie jetzt spüren, dürfen Sie auf die Reise mitnehmen, weil all das zurzeit ganz zu Ihnen gehört.

Auch die Sehnsucht, dass Ihr Schmerz aufhören möge, dass alles gut sein möge, auch diese Sehnsucht ist jetzt da. Wenn Sie Kontakt mir ihr aufnehmen und sie spüren, wird sie Sie an einen Ort führen, an dem Sie so sein dürfen, wie Sie sich jetzt mit Ihrer Trauer fühlen.

Es mag ein Ort sein aus Ihrer Vergangenheit, ein Ort, an den Sie schon immer reisen wollten oder ein Traumort, den Sie jetzt für sich vor Ihr inneres Auge malen.

Es mag eine weite Landschaft sein, ein Hochplateau, ein Berg, ein Ort an einem Fluss oder einer Quelle oder unter einem Baum; es kann aber auch ein ruhiges Zimmer, eine Kirche oder eine Burg sein. Es mag das Versteck aus Ihren Kindertagen, Ihr Kinderzimmer von damals, der große Sessel bei Ihren Großeltern oder das Plätzchen sein, an dem Sie sich als Kind sicher und geborgen fühlen konnten. Nehmen Sie den Ort, der sich vor Ihrem inneren Auge einstellt, einen Ort, an dem Sie sich sicher und gehalten fühlen.

Lassen Sie sich dort nieder, schauen Sie sich um, nehmen Sie den Geruch wahr, der zu diesem Ort gehört, spüren Sie die angenehme heilsame Wärme oder den den Schmerz lindernden kühlen Luftzug, nehmen Sie wahr, wie sicher Sie dort sitzen oder liegen, spüren Sie, wie Sie dabei gehalten werden.

Sie sind dort so sicher und ganz für sich, dass Sie sich Ihrer Gefühle nicht zu schämen brauchen, dass Sie Ihre Gefühle von Schmerz und Trauer zeigen und zulassen können. Sie sind sich zunehmend sicher, dass Ihnen das gut tun wird. Sie dürfen an diesem Ort weinen, wenn Ihnen danach zu Mute ist, sie dürfen dort Ihren Schmerz herausschreien oder auch still Ihre Trauer empfinden.

Während Sie das so zulassen und dabei an diesem sicheren Ort gehalten sind, spüren Sie, wie sich Ihr Schmerz verändert, vielleicht wird er weicher, fließender, vielleicht ein wenig leichter; vielleicht wird Ihr Schmerz klarer, umgrenzter und besser zu ertragen.

Während Sie Ihre Trauer auf diese veränderte Weise wahrnehmen, entdecken Sie, dass daneben das Gefühl der Liebe zu Ihrem geliebten Menschen stärker hervortritt, sich diese Liebe in Ihnen mehr und mehr ausbreitet, Sie mehr und mehr ausfüllt. Und während die Liebe zu Ihrem geliebten Menschen stärker wird, fühlen Sie sich zunehmend sicherer. Sie fühlen sich in dieser Liebe getröstet, weil Sie ahnen oder schon wissen, dass Ihnen in Ihrer Liebe Ihr geliebter Mensch in einer besonderen Weise nahe sein wird oder schon nahe ist. Sie lassen diese Erfahrung in sich wirken und werden dabei noch einmal ein kleines Stück getröstet und gehalten. Sie nehmen diese Erfahrung in sich auf, weil Sie wissen, dass Sie nun den sicheren Ort verlassen müssen. Sie tun das mit der Gewissheit, dass Sie an diesen Ort wieder zurückkehren können.

Sie erheben sich langsam, verabschieden sich von dem sicheren Ort und kommen langsam zurück in Ihre andere, äußere Realität.

An diesem inneren sicheren Ort ist der Trauernde in seinen schmerzlichen Gefühlen so gehalten, dass auch das Gefühl der Liebe zum Verstorbenen klarer werden kann. Der Prozess der Trauer gelingt am besten, wenn diese Liebe eigenständig neben die Trauer und den Schmerz treten darf. Trauerarbeit ist für mich deshalb im Wesentlichen das Herausarbeiten der Liebe und der inneren Beziehung zum Verstorbenen. Dazu ist es hilfreich, wenn der Trauernde immer wieder die äußere und innere Erfahrung eines sicheren Ortes macht, an dem die Trauer ein wenig zur Seite treten und die Liebe zum Verstorben mehr Platz einnehmen darf.

Umgekehrt kann die Beziehung zum geliebten Menschen gut und nahe gelebt werden, wenn der Trauernde den Verstorbenen an einem sicheren Ort weiß. Die Suche nach einem sicheren Ort für den Trauernden und für seinen geliebten Menschen sind also zwei parallele Prozesse, die eng miteinander verflochten sind. Auf dem Weg dieser Prozesse möchte ich Sie begleiten und zeigen, wie Ihre Beziehung zu Ihrem geliebten Menschen zunehmend sicher und haltend wird.

Ein neues Trauermodell – Die Beziehung weiterleben!

Es geht mir um nichts weniger als um ein neues Verständnis der Trauer, des Trauerprozesses und der Trauerarbeit. Die bisherigen Modelle der Trauer reichen nicht aus, um sie auf einer tieferen Ebene zu verstehen. Sie gelten allenfalls für leichtere Verluste wie zum Beispiel beim Tod hochbetagter Eltern. Für schwere Verluste, bei denen vielfach Unterstützung und Hilfe nötig wäre, versagen die bisherigen Trauermodelle oder legen Vorstellungen und damit auch therapeutische Methoden und Interventionen nahe, die den Trauernden im besten Falle nicht unterstützen, sondern ihm häufig sogar schaden. Deshalb sehe ich auch die bisherige Trauerpsychologie, die sich zu einseitig an Freud und Bowlby orientiert, sehr kritisch.

Der Anstoß zu dieser radikalen Neusicht der Trauer kam zum einen aus meiner eigenen Trauererfahrung, zum anderen aber auch aus der von daher neu gesehenen und gehörten Trauererfahrung anderer Betroffener.

Ich nehme in meinem Ansatz neben einigen durchaus richtigen Einsichten der bisherigen Trauerliteratur folgende Ansätze als theoretischen Hintergrund auf, die ich hier insbesondere für Fachkollegen und eine weitere fachliche Diskussion benenne:

- Religionspsychologische Einsichten, insbesondere zur Ahnenverehrung (Barlowen, 2000)
- Analytische Psychologie C. G. Jungs (Jung, 1985)
- Systemische Familientherapie, insbesondere der Ansatz von B. Hellinger (Weber, 1993; Hellinger, 1994)
- Hypnotherapie in der Nachfolge von M. Erickson, zurzeit profiliert und in Integration mit systemischen Ansätzen vertreten durch G. Schmidt (G. Schmidt, 2004)
- Traumatherapeutische Ansätze, insbesondere die von L. Reddemann vertretene Psychodynamische Imaginative Traumatherapie (Reddemann, 2004)

- Traueransatz von D. Klass und Kollegen, insbesondere deren empirische Untersuchungen (Klass, Silverman u. Nickman, 1996; Klass, 1999)

Im Rahmen dieses Buches müssen diese fachpsychologischen Hinweise genügen. Interessierte Betroffene können sich in der angegebenen Fachliteratur weiter informieren. Für den eigenen Trauerprozess ist dies allerdings nicht unmittelbar nötig, da ich Sie auf dem Hintergrund des beschriebenen neuen Ansatzes jetzt auf den Weg von der Trauer zur Liebe mitnehmen werde.

4 Am offenen Sarg – die erste Begegnung mit dem Verstorbenen

»Du bist nicht tot,
bleib bei mir«

Ich will dir nah sein!

Aufgebahrt in einem gekühlten Raum. Da liegt mein Sohn im offenen Sarg wie schlafend. Noch drei Tage bis zur Beerdigung. Ich kann nicht oft genug bei ihm sein, auch nachts. Gott sei Dank können wir beliebig oft zu ihm gehen, ihn besuchen, ihm nahe sein. Es ist unendlich traurig, und doch auch unendlich tröstlich, ihn noch einmal zu sehen, mit ihm zu reden, ihn zu berühren. Es ist mein Sohn, so wie er war – tot und doch noch so lebendig, sehr weit weg und doch mir näher als je zuvor. Ich habe ungeheure Angst vor dem Moment, in dem der Sargdeckel geschlossen wird. Ich will nicht, dass er weggeschlossen, weggebracht wird. Ich will nur eines: bei ihm bleiben, auch wenn er tot ist. Er ist doch nicht tot. Er soll bei mir bleiben.

Jetzt verstehe ich die Frau besser, die mir erzählte, dass sie zwei Tage lang am Bett ihres toten Mannes saß, bevor sie den Arzt rief. Sie konnte sich nicht von ihm lösen. Sie saß nur da und blickte in sein Gesicht, unverwandt, stundenlang, den ganzen Tag. Sie wollte diese Nähe nicht stören lassen, auch nicht durch Angehörige oder den Arzt. Das viele andere, was nun routinemäßig kommen sollte und kommen musste, hatte Zeit. Nur eines war ihr jetzt wichtig: Sie wollte ihren Mann wenigsten noch in den letzten Stunden ganz für sich alleine »haben«. Für sie war ihr Mann noch nicht wirklich tot.

Sie wusste, welche Vorwürfe und welches Kopfschütteln sie zu erwarten hatte. Aber sie spürte, dass sie die liebende Verbindung zu ihrem Mann nicht stören durfte. Das war sie ihrer Liebe zu ihm schuldig.

In den ersten Stunden und Tagen der Begegnung mit dem toten Angehörigen geschieht Entscheidendes für die weitere Entwicklung der Trauer. Hier liegt der Keim für die spätere Beziehung zum Verstorbenen. Wenn dieser Beziehungsanfang in den ersten Stunden und Tagen bis zu Beerdigung nicht zugelassen und nicht gewürdigt wird, hat es der Hinterbliebene viel schwerer, nach der

Beerdigung die innere Beziehung zum abwesenden Verstorbenen herzustellen und zu leben.

Erlauben Sie sich Ihren Wunsch, dem Toten nahe zu sein. Nutzen Sie die verbleibende Zeit bis zur Beerdigung, die Nähe Ihres geliebten Angehörigen unmittelbar zu spüren.

Hatten Sie vor der Beerdigung zu wenig Zeit, können Sie das auch heute noch nachholen: Stellen Sie sich vor, wie Sie am offenen Sarg Ihres geliebten Verstorbenen sitzen und ihm dabei nahe sind.

Was ich noch für dich tun kann, werde ich tun

Das Wort »Leiche« bedeutet im mittelhochdeutschen »Hülle, Kleidung, Gewand«. Die Leiche ist demnach die Hülle, die den Menschen umgibt und ihm Gestalt verleiht. Für die Hinterbliebenen bedeutet der Tote mehr, viel mehr als nur das Gewand, in dem der geliebte Mensch gelebt hat. Er ist hier so nah und so präsent, als ob er nur schliefe. Es ist deshalb nicht verrückt, sondern ganz passend und stimmig, wenn Hinterbliebene im Toten noch das ganz gegenwärtige, ja lebendige Gegenüber erblicken. Es ist deshalb nicht nur erlaubt, sondern wichtig, noch einmal alles für den Verstorbenen zu tun, was jetzt noch getan werden kann und was man für jeden geliebten Menschen tun würde.

- Versuchen Sie, wenn irgend möglich, Ihren verstorbenen, geliebten Menschen noch einmal zu sehen. Lassen Sie sich nicht von gut meinenden Polizisten, Ärzten oder anderen davon abbringen. Wenn irgend möglich (dabei gibt es Ausnahmen, und auch die dürfen sein!), nehmen Sie keine Medikamente in dieser Zeit. Es wäre schade, wenn Sie die Begegnung und die dazugehörigen Gefühle abdämpfen würden. Die Begegnung mit dem geliebten Menschen gibt in der Regel die Kraft, auch den Schmerz angesichts des Todes auszuhalten.

  Wenn Sie möchten und die Möglichkeit haben, können Sie den Verstorbenen im Sarg für die Tage bis zur Beerdigung ins Haus holen. Bestehen Sie beim Bestattungsunternehmen darauf! Immer mehr Menschen machen von dieser Möglichkeit Gebrauch. Es tut gut, den Verstorbenen noch einmal in der gewohnten Umgebung zu erleben. Sie können dann Freunde, Verwandte und Nachbarn einladen, damit diese sich vom Verstorbenen verabschieden können. Sie haben dann viel Zeit, schon jetzt am Sarg mit den Besuchern gemeinsame Erinnerungen auszutauschen und deren Verabschiedung mitzuerleben und zu teilen.

Eine rituelle Verabschiedung aus dem Haus kann diese Zeit mit dem Verstorbenen gut abschließen. Dies kann ein Pfarrer in Form einer Aussegnung tun oder Sie selbst können mit Freunden ein Gebet oder Gedicht sprechen, bevor der Sarg geschlossen und abgeholt wird.

– Der Verstorbene darf in den Kleidern beerdigt werden, die zu ihm passen und die er vielleicht selbst anziehen würde. Das muss nicht der selten getragene Anzug sein. Wir haben unseren Sohn in sein Lieblings-T-Shirt gekleidet; eine Rasta-Fahne, die er so gemocht hat, haben wir über ihn gelegt.
Wie der Verstorbene in seinem Sarg liegt, soll noch einmal ganz seiner Person, seinem Leben entsprechen. Es soll ein Ausdruck und Bild seiner selbst sein. Und das muss für ihn und für Sie als Angehörige stimmen – nicht für andere! Lassen Sie sich von anderen Meinungen nicht irritieren. Es ist Ausdruck Ihrer Liebe, wie Sie Ihren verstorbenen Geliebten für seine letzten Stunden auf Erden kleiden wollen.
Ich werde betrübt und wütend zugleich, wenn mir Eltern erzählen, dass ihr totes Kind vom Bestatter gegen ihren Wunsch in ein normiertes Sterbehemd »gesteckt« wurde.

– Wenn Sie mögen – und das ist ein ganz natürliches und normales Bedürfnis –, dann reden Sie mit dem Verstorbenen. Sprechen Sie ihn immer wieder an! Sprechen Sie ihn mit seinem Vornamen an, so wie es für Sie stimmt: leise, beschwörend, weinend, schluchzend, murmelnd, summend, singend. In dieses Ansprechen können Sie Ihre ganze Liebe hineinlegen, alles, was Sie für Ihren verstorbenen Geliebten empfinden. Und wenn Sie empfinden, dass Ihr Reden »ankommt«, dann lassen Sie diese Erfahrung einfach zu! Lassen Sie zu, was Sie in der ungeheuren Nähe nun spüren, alle Gedanken, alle Gefühle, alle Empfindungen. Ihre Seele spiegelt genau das wider, was jetzt richtig ist, was jetzt stimmt und was jetzt wahr ist.

– Wenn Sie mögen – und auch das ist eigentlich das Normale! –, dann berühren Sie den Verstorbenen. Streicheln Sie ihm noch einmal über das Haar, streicheln Sie sanft seine Wangen, hal-

ten seine gefalteten Hände, legen noch einmal Ihre Hand auf seine Schultern, küssen seine Stirn.
Viele Menschen empfinden Scheu vor einem Toten. Sie halten deshalb Abstand und zeigen auf diese Weise ihren Respekt. Auch das ist richtig, insbesondere für die, die dem Verstorbenen etwas ferner stehen. Für Sie als unmittelbare Angehörige aber ist in der Regel die Zuneigung der stärkere Impuls. Zuneigung und Liebe wollen körperlich ausgedrückt werden. Lassen Sie den Impuls zu und erlauben Sie sich die Gesten der Zärtlichkeit.

– Grabbeigaben sind die ältesten Zeugnisse, dass Menschen sich Sorgen machen um die Zukunft ihrer Verstorbenen. Die Beigaben sollen den Verstorbenen für die lange Reise ausrüsten oder ihm das Leben in der anderen Welt ermöglichen.
  Der Impuls, dem Verstorbenen etwas mitzugeben, ist also uralt und steigt auch in uns auf. Wir sollten ihm dann nachgeben. Vielleicht ist es der Wunsch, dem Verstorbenen einen Brief mitzugeben, den er dann – wie auch immer und wo auch immer – lesen kann. Vielleicht ist es bei einem verstorbenen Kind dessen Lieblingskuscheltier, das das Kind auf seiner Reise begleiten wird. Vielleicht ist es ein Foto, das die bisherige Familie oder das Paar abbildet. Vielleicht ist es ein anderes symbolisches Geschenk, das Ihre Liebe zeigt und ein konkreter Ausdruck dieser Liebe ist. Es ist ein schönes und tröstliches Ritual, dem Verstorbenen eine Gabe in seinen Sarg mitzugeben. Es drückt auch aus, dass ein Teil vom Hinterbliebenen mitbegraben und mitgehen wird. Ich möchte Sie deshalb zu solchen Geschenken ermutigen.

Mit solchem Tun hält der Hinterbliebene die Beziehung zu dem geliebten Menschen aufrecht. Obwohl er im Schmerz weiß, dass der Geliebte tot ist, lebt er die Beziehung weiter. Diese Kraft der Trauer gilt es zu würdigen und hervorzuheben, denn sie ist es, die dann hilft, auch nach der Beerdigung die Beziehung zum Verstorbenen zu halten.

Tun Sie alles, was Sie für den Verstorbenen noch tun wollen. In der konkreten Sorge und Fürsorge für ihn in seiner sterblichen Hülle zeigt sich Ihre Liebe, die über das Sterbliche hinausgeht. Damit beginnen Sie die neue Beziehung zu ihm, die auch nach der Beerdigung weitergehen wird.

Der Abschied vom Leib des Verstorbenen

Wenn wir mit dem Toten an seinem Sarg in Kontakt sind, dann spüren wir die ungeheure Nähe der Person des verstorbenen Menschen. Er ist da und präsent, obwohl er nicht da ist. Er ist ein Gegenüber, obwohl wir wahrnehmen, dass er unsere Anreden nicht beantwortet, dass er nicht lächelt, sondern dass sein Gesicht starr bleibt. Die Hinterbliebenen empfinden beim Kuss auf die Stirn die Kühle, sie erleben, wie starr die Hände des Verstorbenen sind. Und sie sehen, wie sich die Haut unter den beginnenden Verwesungsprozessen verändert, wie die Luft und der Geruch in der Leichenhalle schwerer werden.

Bei aller Nähe erleben sie konkret, wie abwesend der geliebte Mensch ist. Es wird zunehmend deutlicher, dass die Hinterbliebenen Abschied nehmen müssen von der leiblichen Realität des Verstorbenen. Es stimmt eben auch, dass der Leichnam nur die körperliche Hülle des Verstorbenen ist. Der Verstorbene ist nicht mehr in dieser Hülle, er ist hier nicht mehr zu finden.

Hier haben Schmerz und Trauer zunächst ihren zentralen Ort. An dieser Stelle hat die Trauer auch die Aufgabe des Abschiednehmens. Es geht um den Abschied von diesem bis vor kurzem belebten Leib, es geht um die Einsicht, dass dieser Leib nicht mehr antworten, reagieren, kurz, nicht mehr lieben kann. Dies zu begreifen, ist ungeheuer schwer, und doch »nötigt« uns die Trauer dazu.

Für manche Menschen ist die Trauer über dieses »Nicht-mehr-da-Sein« so groß, dass die Nähe der Person des geliebten Menschen nicht zu spüren ist. Auch das ist in Ordnung. Hier erschlägt die Wucht der Leblosigkeit, der Starre und der Leere die Näheerfahrung. Unsere Seele wird sich mit zunehmender Zeit von dem Schock und der Taubheit befreien und dann eben später von sich aus die Nähe zum Verstorbenen suchen.

Der Abschied vom leiblichen und konkreten Gegenüber beginnt am Sarg und im allmählichen Wahrnehmen, dass sich der Leichnam mit ersten Anzeichen der Verwesung auflöst. Der nächste Schritt des konkreten Abschiednehmens – für mich einer der schlimmsten Augenblicke meines Lebens – ist der Moment, in dem der Sargdeckel geschlossen wird. Den Hinterbliebenen bleibt in diesem Moment nichts anderes als eine letzte zärtliche Berührung, nicht anderes, als dem Verstorbenen »Lebwohl« zu sagen, seinen Namen noch einmal zu flüstern, einen stillen Gebetsruf an den Himmel zu schicken, ein letzter Blick und eine letzte Verbeugung.

Der Abschied vom Leiblichen vollzieht sich dann noch einmal beim Versenken des Sarges in die Erde oder in den Verbrennungsofen und dann später mit dem Begraben der Urne.

Der Abschied am Sarg und am Grab ist ungeheuer schmerzlich und kann alles andere zudecken. Sie können aber sicher sein, dass Ihre Seele dann später die Nähe zum Verstorbenen suchen wird. Die Seele weiß, dass der Abschied vom Leib des Verstorbenen nicht der Schlusspunkt der Beziehung sein wird.

Du bleibst als Gegenüber bei mir

Das Entsetzliche und unendlich Traurige am Tod ist, dass sich ein lebendiger Mensch in ein stummes Bild verwandelt. Der Leichnam ist nicht mehr lebendiger Leib, sondern nur noch ein Bild des Menschen, den ich geliebt habe. Es macht uns ohnmächtig, dass sich der Mensch, wenn er stirbt, in sein eigenes Bild verwandelt. Wir wissen, dass der Leichnam nur noch etwas abbildet, was abwesend scheint.

Zugleich aber bringt der Leichnam viel stärker als alle anderen Bilder den Verstorbenen noch einmal zurück. Ich spüre ihn – gerade durch den Schmerz – hier so dicht und nahe wie kaum sonst. Viele Hinterbliebene machen diese widersprüchliche Erfahrung, dass der Verstorbenen durch seine Abwesenheit sich so nahe aufdrängt, als wäre er gegenwärtig.

Hinterbliebene berichten, dass sie oft ein unwiderstehlicher Impuls überkommt, stundenlang das Gesicht des Toten zu betrachten. Im Gesicht kommt uns die Person des Verstorbenen ungeheuer nahe. Die Totenmaske ist der Versuch, die Personalität des Verstorbenen festzuhalten. Manche wollen den Toten im Sarg noch fotografieren, manche lehnen dies aus Scheu ab. Auch hier sollte jeder das tun, was für ihn stimmt. Beides aber zeigt, dass sich im Gesicht des Toten das Geheimnis seines Wesens ausdrückt. Und wer sich mit liebevollem Blick das Wesen des Verstorbenen vergegenwärtigt, spürt auch seine Anwesenheit.

Zugleich ist dies ein wichtiger Teil der Trauerarbeit: sich ein Bild vom Wesen, also von der Person des Verstorbenen zu »machen«. Der Blick in sein Gesicht sucht nach dem, was ihn ausgezeichnet hat, was ihn zu etwas Besonderem und Einmaligem gemacht hat. Alles, was wir mit dem Verstorbenen erlebt haben, fließt in diesen Blick – und alles wird gespiegelt vom Bild des Verstorbenen. Wie in einem Brennglas entsteht ein inneres Bild vom Wesen des Verstorbenen. Er wird plötzlich zu einem gegenwärtigen Du, zu einem Gegenüber. Es ist, als ob der Verstorbene lebendig würde.

Auch das wird nicht jeder erleben. Sehr häufig wird der Verstorbene erst später zu einem lebendigen Du in der eigenen Seele. Das kann zum Beispiel durch einen Traum oder eine plötzlich auftauchende Erinnerung geschehen. Unser Unbewusstes hält viele Wege bereit, um die Person des Verstorbenen als Gegenüber zu finden. Auch hier geht es darum, dass wir unserer Seele dies zutrauen. Ich bin mir sicher, dass sie die Person des Verstorbenen in sich entstehen lassen will und wird. Und dies beginnt im liebevollen, suchenden Blick, der über das Antlitz des Toten wandert.

ÜBUNG

Mein Blick in dein Antlitz

Wenn Sie möchten, können Sie sich jetzt das Gesicht Ihres geliebten Menschen vor Augen rufen. Er hat die Augen geschlossen, er schläft. Er schläft den Schlaf der Ewigkeit.

Behutsam lassen Sie Ihren Blick über sein Antlitz wandern. Vielleicht beginnend bei den geschlossenen Augen, über seine Wangen, den geschlossenen Mund, die Lippen. Und während Ihr Blick das Antlitz Ihres geliebten Menschen zärtlich berührt, betastet, wird Ihnen wieder klar, wer dieser Mensch ist: weich und schüchtern vielleicht oder energisch und kraftvoll. Vielleicht auch ganz anders. Jedenfalls so, wie Sie diesen Menschen kennen. Intuitiv spüren Sie ganz deutlich und ausgeprägt, wer Ihnen in diesem Gesicht begegnet, welche Person sich Ihnen zeigt, und Sie lassen Ihren Blick weitergehen auf dem Gesicht Ihres geliebten Menschen, vielleicht wieder beginnend bei den Augen, dann über die Stirn und dann so wie Ihre Augen ihren Weg finden. Immer genauer und näher an den Linien dieses ganz besonderen Gesichts entlang. In Ihrem Inneren modelliert sich so die Person des Gegenübers immer plastischer und deutlicher, so, als fühlten Sie Ihren geliebten Menschen.

Dann verabschieden Sie sich langsam vom Bild Ihres geliebten Menschen und nehmen den inneren Abdruck seiner Person mit in Ihre jetzige Wirklichkeit, in die Sie nun mit Ihrem bewussten Denken zurückkehren.

5 Leben mit den Orten der Präsenz des Verstorbenen

»Dorthin, wo du bist,
zieht es meine Seele«

Im Grab beerdigt – und doch gegenwärtig

Nein, ich will kein Grab für meinen Sohn aussuchen. Nein, ich will nicht, dass er hier auf dem Friedhof liegen soll – für immer, nicht mehr bei mir, sondern hier in einem Stück Erde. Der Friedhofsbeamte zeigt uns mögliche Grabfelder. Er erklärt uns die Vorzüge dieses oder jenes Platzes. Er tut seine Pflicht und ist sehr einfühlsam. Er will wirklich einen guten Platz für meinen Sohn und für uns. Doch ich höre nichts. Ich will schreiend weglaufen.

Dann, vier Tage später, der Gang zum Grab. Hinter dem Sarg meines Sohnes. Dann das Hinablassen in die Tiefe des Grabes. Und wieder will ich das nicht. Nein, was soll mein Sohn in diesem braunen, dreckigen Loch?

Wieder einige Tage später. Das ist jetzt das Grab meines Sohnes, »unser« Grab. Es ist der Ort, an dem mein Sohn liegt.

Die Beerdigung ist der Akt, in dem die ersten Tage nach dem Tod zu einem ersten Abschluss kommen. Der Leichnam des Verstorbenen hat nun seinen Platz, an dem er zur letzten Ruhe gebettet ist. Hier taucht die uralte Vorstellung auf, dass der Verstorbene in dieser Ruhe nur schläft und nicht wirklich tot ist.

Die Hinterbliebenen erleben mit der Beerdigung an diesem besonderen Ort des Grabes meist eine erste Beruhigung. Wenigstens haben die sterblichen Überreste einen sicheren Ort gefunden. Zwar ist der Verstorbene nicht mehr da, aber er ist mir nicht ganz entzogen. Es gibt einen Ort, zu dem ich gehen und an dem ich ihn finden kann.

So paradox es sich anhört: Der Hinterbliebene denkt, dass es hätte schlimmer kommen können. Und tatsächlich ist es noch schlimmer, wenn ein verstorbener Angehöriger nicht gefunden wird und nicht beerdigt werden kann, es also keinen Ort für seine sterblichen Überreste gibt. Oft bleibt es dann bei einem unruhigen Suchen, weil der Tod des Angehörigen nicht geglaubt wird und sein Tod nicht durch die Faktizität des Grabes bestätigt wird. Die Seele braucht einen konkreten Ort, wo sie den Verstorbenen finden kann – und das ist zunächst das Grab.

Das Grab ist das erste und wohl älteste Bild des sicheren Ortes, an dem der Verstorbene bewahrt ist. Grabsteine, ursprünglich häufig Stelen oder Menhire, standen schon in der Spätsteinzeit als »Grabwächter« am oder auf dem Grab. Der Stein schützt die Unverletzlichkeit des besonderen Ortes und sichert mit seiner Schwere die Ruhe des Toten, der in diesem Grab schläft.

Viele Hinterbliebene zieht es immer wieder zu diesem besonderen Ort. Es ist ein von der übrigen Welt abgegrenzter Raum, in dem für die Angehörigen nicht mehr die physikalischen Gesetze von Raum und Zeit gelten. Hier bleibt die Zeit stehen, und hier kann der Raum in andere Welten geöffnet und durchschritten werden. Deshalb ist das Grab ein Durchgangs- und Übergangsort, an dem die Kommunikation zwischen den Welten der Lebenden und Toten möglich ist. Dies ist keine naturwissenschaftliche Aussage, vielmehr versuche ich damit zu beschreiben, was Angehörige erleben und was für sie gültig ist. Seit den Anfängen der Menschheitsgeschichte war das Grab Durchgangsort für den Verstorbenen und damit Tür zu einer anderen Welt – immer auch von beiden Seiten her durchlässig.

Einen Ort, an dem Grenzen überschritten und transzendiert werden, kann man als heiligen Ort verstehen. Viele Hinterbliebene erleben dies so. Das Grab unterscheidet sich deshalb von allen anderen Orten im Leben des Hinterbliebenen.

Am Grab eröffnet sich die Chance, an diesem »heiligen« Ort intensive Begegnungserfahrungen mit dem Verstorbenen erleben zu können. Das Grab kann zum Tor für diese Begegnung werden, wenn Sie versuchen, an diesem Ort selbst offen und durchlässig zu werden. Das ist aber kein Muss! Die Begegnungserfahrung am Grab ist ein Geschenk.

Hier darf ich dir meine Trauer zeigen, hier bin ich getröstet

Natürlich darf der Trauernde überall seine Trauer leben und zeigen. Oft geschieht das zu Hause, wenn man alleine ist, wenn das Fehlen des geliebten Menschen übermächtig wird und die Tränen unbeobachtet und ungehemmt fließen dürfen. Oft geschieht dies bei Erinnerungen, die bewusst machen, dass der Verstorbene nicht mehr da ist und nicht mehr kommen wird. Trauer darf also da gelebt werden, wo sie uns »überfällt«, wo sie in uns aufsteigt und sich uns aufdrängt.

Und doch ist das Grab noch einmal ein besonderer Ort der Trauer. Das Grab, die über dem geliebten Menschen liegende Erde und später der schwere Grabstein machen mir unerbittlich deutlich, dass der geliebte Mensch wirklich tot ist. Das Grab ist auch eine Konfrontation, die mir bei jedem Friedhofsbesuch erneut den Schmerz des Verlustes zufügt. Der Friedhof ist der Ort der Toten, das Grab ist die Gruft der Gestorbenen. Das lässt sich angesichts des Grabes schwer leugnen. Das Aussuchen und Setzen des Grabsteins spielt hier eine besondere Rolle. Es ist für viele nach ein bis zwei Jahren ein letzter Abschluss der Beerdigung. Die Schwere des Steins macht klar, dass der Verstorbene nicht mehr aus dem Grab entkommen kann. Die Dauer, die der Stein symbolisiert, macht auch die Endgültigkeit des Todes des Verstorbenen klar. Nun lässt sich an der Realität des Todes endgültig nicht mehr rütteln, so fest und schwer steht der Stein auf dem Grab.

Für mich ist deshalb der Anblick des Grabes meines Sohnes immer wieder ein ungeheurer Stachel des Schmerzes. Ich – und ich weiß es auch von anderen Menschen – weiche immer wieder diesem Schmerz aus. Es gibt Zeiten, da will ich nicht wissen, dass mein Sohn tot ist. So gehe ich manchmal einige Wochen nicht zum Grab. Ich will nicht ständig den schlimmen Schmerz spüren. Manchmal lebe ich dann sogar in der Illusion, dass mein Sohn lebt. Ich brauche manchmal Pausen von der Trauer, weil

»Dauer-Trauer« für mich nicht auszuhalten wäre. In der herkömmlichen Trauerpsychologie würde dies als Vermeidungsverhalten kritisch hinterfragt und ich würde ermutigt oder gedrängt, doch regelmäßig zum Grab zu gehen. Das ist zwar gut gemeint, aber stimmt eben für viele Trauernde nicht. Ich selbst gehe dann, wenn ich das innere Bedürfnis spüre, hingehen zu »müssen«. Ich verlasse mich ganz auf die Weisheit meines Unbewussten.

Wenn ich dann zum Grab gehe, bricht meine Trauer auch heraus, dann weine ich dort. Ich spüre: Das ist ein besonderer Ort der Trauer. Ich weine hier in unmittelbarer Nähe zu meinem Sohn. Und ich weiß dann auch, diese Trauer gehört dorthin, und diese Tränen müssen genau an diesem Ort vergossen werden.

Am Grab zeige ich meinem geliebten Menschen meine Trauer. Ich trauere nicht nur um mich und meinen Verlust – auch das ist völlig in Ordnung! –, sondern ich trauere um meinen Sohn, um sein Schicksal, dass er nicht mehr lebt. Dies wird angesichts des Grabes vielen Hinterbliebenen deutlicher und bewusster.

Es ist meine Trauer für dich. Dir lege ich sie auf das Grab und dir schenke ich sie. Diese Trauer für dich zeigt meine unendliche Liebe zu dir. Sie ist Ausdruck meiner Beziehung zu dir. Viele berichten, dass sie dann erleichtert vom Grab weggehen können. Ich kann die Trauer dort am Grab lassen und muss sie nicht als ständig gegenwärtiges Gefühl mit mir herumtragen. Sie hat dann einen bestimmten Ort und dort darf sie auch ganz sein. Diese Differenzierung hilft, im Alltag zunehmend auch Zeiten und Situationen ohne Trauer zu erleben, weil man weiß, dass man dem Verstorbenen seine Trauer ganz ausdrücklich am Grab zeigen kann. Sie hat mehr und mehr dort ihren Platz, weil sie ihn dort findet.

Allerdings gibt es auch die entgegengesetzte Erfahrung. Das Grab zeigt vielen mit aller Härte, dass der Verstorbene nicht anwesend ist, jedenfalls nicht als leibliches Gegenüber. Und für manche ist das Gefühl der Abwesenheit so mächtig, dass sie am Grab gar nichts empfinden, allenfalls Leere, Ohnmacht, Ausgebranntsein. Auch das ist in Ordnung, weil ich mir sicher bin, dass unser Unbewusstes andere Begegnungsorte mit dem Verstorbenen suchen und finden wird. Es muss nicht das Grab sein, an dem ich mein Gegenüber finde.

Am Grab dürfen alle Gefühle sein! Sie zeigen mir und meinem geliebten Menschen direkt, wie sehr ich ihn liebe und vermisse.

Am Grab dürfen aber auch Gefühle der Leere, der Abwesenheit und des Nichtfühlens sein. Wenn ich sie mir zugestehe, eröffne ich mir die Chance einer Veränderung dieser Empfindungen.

Am Grab kann und darf ich auch mit anderen reden, mit denen zusammen ich den Toten besuche – über schöne, auch lustige gemeinsame Erinnerungen.

Am Grab pflege ich meine Liebe zu dir

Am Grab und in der Pflege dieses besonderen Ortes können Hinterbliebene im konkreten Handeln ihre Liebe zum Verstorbenen ausdrücken. Viele berichten, dass sie in die Grabpflege ihre Liebe zum Verstorbenen hineinlegen. Wenigstens das können sie für ihn noch tun. Das Grab mit seinen Pflanzen und den Blumen wird so zu einem kleinen Paradiesgarten für den Verstorbenen, zu einem Abbild des Paradieses, in dem er weilt.

Die Arbeit mit der Erde des Grabes bringt Hinterbliebene dem Verstorbenen nahe, weil er in dieser Erde liegt und sich in diese Erde hinein auflöst. So entsteht im Berühren und Kontakt mit der Erde auch ein Kontakt mit dem Verstorbenen. Viele erleben das als sehr tröstlich. Ähnlich erleben es viele durch die Pflanzen des Grabes. Ihr Wachsen und Vergehen, ihr Blühen und Verblühen ist nicht nur Symbol für das Sterben und Leben des geliebten Menschen, sondern nimmt den Hinterbliebenen selbst in diesen Kreislauf des Werdens und Vergehens hinein. Viele fühlen sich dann auch darin dem Verstorbenen nah. Das Grab kann so zu einer eigenen Welt werden, in der sich die Liebe der Hinterbliebenen konkretisiert:

– Ich gehe ganz bewusst mit der Erde des Grabes um, ich spüre sie in meinen Händen, zerkrümle sie oder lasse sie durch meine Finger rieseln. Ich mache mir bewusst, dass dies die Erde ist, in der der Verstorbene ruht und in die auch ich zurückkehren werde. Die Erde ist die verbindende Kraft, in der alle, Lebende und Verstorbene, wurzeln.

– Ich wähle sorgsam die Pflanzen und Blumen für das Grab und für meinen geliebten Menschen aus. Welche Pflanzen passen zu ihm? Hatte er eine Lieblingsblume? Mit welchen Blumen möchte ich ihm eine Freude machen?

– Was bedeuten die Grabpflanzen für mich? Drücken sie in ihrem Wachsen die Kraft des Lebens aus? Drücken sie in ihrem Verwelken und Absterben die Vergänglichkeit aus, die den geliebten Menschen und mich umfasst?

- Welche Geschenke möchte ich dem Verstorbenen aufs Grab legen? Möchte ich ihm an Weihnachten oder an seinem Geburtstag eine kleine Tonfigur, einen besonderen Stein oder etwas anderes schenken? Eine junge Frau bringt für ihren verstorbenen Verlobten von jeder Reise einen Stein mit und legt ihn auf das Grab.
- Wann möchte ich Kerzen oder Windlichter auf das Grab stellen? Was symbolisieren sie für mich und was möchte ich meinem geliebten Menschen damit sagen? Will ich damit ausdrücken, dass ich ihn auch in der Nacht des Todes nicht allein lasse, dass ich ihm damit zeige, dass meine Liebe auch im Dunkel der Trauer wie ein Licht brennt?
- Ich könnte auch Briefe, die ich für meinen geliebten Verstorbenen schreibe, unter einen schweren Stein auf das Grab legen. Manche tun das, wenn sie dem Verstorbenen noch etwas mitteilen möchten, wenn sie mit ihm noch etwas klären oder abschließen möchten.
- Was möchte ich am Grab dem geliebten Menschen mitteilen, erzählen, sagen? Wie tröstlich kann ein leiser oder innerer Dialog mit ihm sein!
- Ich kann am Grab die Nähe des Verstorbenen zu mir zulassen und aufnehmen. Hinterbliebene berichten immer wieder, dass sie dann gestärkt und getröstet weggehen. Das Grab wird so zu einem Kraftzentrum in ihrem Leben.

Wenn Hinterbliebene das hier Beschriebene für sich entwickeln können, dann wird das geschehen, was Rose Ausländer in einem ihrer Gedichte einen Verstorbenen sagen lässt:

Zusammenwachsen

Mach dir keine Sorgen
um meinen Tod

Ich werde
auch unter der Erde
leben

Sie nimmt mich auf
hält mich
in ihrem Atem

Wir wachsen zusammen.
Rose Ausländer

Auch an anderen Orten finde ich dich

Hinterbliebene haben meist noch andere Orte, an denen sie dem Verstorbenen nahe sein können. Auch diese zeichnen sich durch die doppelte Erfahrung aus, nämlich die der schmerzlichen Abwesenheit und die der intensiven Nähe. Hinterbliebene setzen sich immer wieder beiden Erfahrungen aus, weil beides für sie real und wirklich ist.

Oft sind es Orte, an denen die Hinterbliebenen und der Verstorbene früher intensive Nähe erlebt haben. Wenn ich diesen Ort aufsuche, gehe ich in die gemeinsamen Erfahrungen hinein und lasse sie für mich wieder lebendig werden. An diesen Orten scheint der Verstorbene mir von außen zu begegnen, zugleich wird mir aber schmerzlich bewusst, dass er faktisch abwesend ist.

– Das Zimmer des geliebten Menschen ist für viele Hinterbliebene besonders wichtig, weil sich dort der geliebte Mensch in der Einrichtung und Gestaltung ausgedrückt hat und in vielen Einzelheiten bis hin zum Geruch weiterhin präsent ist. Wenn ich das Zimmer betrete, trete ich in den Raum und die Welt des geliebten Menschen. Er umhüllt und umfasst mich ganz, er nimmt mich hinein in seinen intimen Raum. Unversehens identifiziere ich mich mit dem Verstorbenen, ich sehe sein Zimmer als seine Welt mit seinen Augen, für kurze Augenblicke lebe ich in dem Zimmer, so wie er damals dort gelebt hat.
  Hinterbliebene sollten sich deshalb dieses Zimmer so lange bewahren, wie sie es brauchen. Das Ausräumen, Verändern oder Neubelegen des Raumes darf seine ganz eigene Zeit beanspruchen. Manche werden das Stück für Stück tun, sich dabei sehr bewusst von jedem Gegenstand und dann vom ganzen Raum verabschieden, manche müssen das mit einer Räumungsaktion vollziehen. Es sollte jedenfalls nichts gegen einen inneren Widerstand getan werden. Oft hilft es auch, das Zimmer vor der Veränderung noch einmal zu fotografieren.

Dies ist besonders wichtig, wenn das Zimmer aus äußeren Gründen wie bei einem notwendigen Umzug geräumt werden muss.

- Besondere Orte des gemeinsamen Zusammenseins können Landschaften, eine bestimmte Gegend, ein bestimmter Spazierweg, ein Ferienhaus oder ein Ferienort sein. Auch hier gilt es, der eigenen inneren Stimme zu trauen, ob und wann diese Orte aufgesucht werden wollen. Oft ist dazu auch eine längere innere Auseinandersetzung nötig: die Sehnsucht wird mich an einen gemeinsamen Urlaubsort ziehen, die Angst vor dem Schmerz wird mich ein Aufsuchen eher vermeiden lassen.
  Ich möchte aber ermutigen, längerfristig diese Orte aufzusuchen. Bei aller Trauer kann ich dem Verstorbenen dort nah sein und meine Beziehung zu ihm leben. Eine Witwe berichtet: »Vor der Reise an unseren gewohnten Urlaubsort hatte ich große Angst. Aber als ich dort war, war mein Mann schon da, so als wäre er vor mir dorthin gereist und wollte mich dort empfangen. Und es war gut, so noch einmal mit ihm den Urlaub zu verbringen.«

- Wenn der Verstorbene durch einen Unfall sein Leben verlor, kann der Unfallort kann für manche Hinterbliebenen wichtiger werden als das Grab. Auch wenn sie ihm in seinen letzten Lebensmomenten nicht nahe sein konnten oder den Unfall nicht verhüten konnten, wollen sie ihm wenigstens jetzt dort nahe sein. Es ist der Ort, an dem der geliebte Mensch seine letzten Augenblicke gelebt hat. Ich will da sein, so als könnte ich diese letzten Augenblicke noch spüren, vielleicht festhalten, wenigstens in meiner Seele. Es ist paradox: Da, wo der geliebte Mensch fortgegangen ist, da ist er mir am nächsten. Hier zeigt sich so klar und deutlich wie wohl an keinem anderen Ort die widersprüchliche Verschränkung von Abwesenheit und Anwesenheit. Das zeichnet diesen Ort aus, und die meisten Angehörigen kennzeichnen ihn mit Blumen und einem Namenskreuz. Hier ist das Unfassbare geschehen und geschieht beim Aufsuchen immer noch und immer wieder, hier ist ein wichtiger Ort meiner Trauer und meiner Liebe.

Manchmal bleiben diese Orte das ganze Leben lang wichtig und zentral, oft aber lösen sich die Beziehungserfahrungen von diesen konkreten Orten ab und werden vom Hinterbliebenen nach innen genommen. Die äußeren Orte werden allmählich im inneren Raum der Seele als Erinnerung repräsentiert. Es genügt dann die Erinnerung an diesen Ort, um in die Beziehung zum Verstorbenen zu gehen.

ÜBUNG

Orte, über die wir verbunden sind

Ich möchte Sie einladen, die Orte, an denen Sie mit Ihrem geliebten Menschen waren, zusammenzustellen und zu sammeln.

Sie können dazu feste Din A4-Bögen nehmen, je einen für jeden Ort. Auf jeden Bogen schreiben Sie oben den Namen des Ortes. Schreiben Sie auf, was Sie dort mit dem geliebten Menschen erlebt haben. Vielleicht gibt es Fotografien, Postkarten, Zeichnungen von diesem Ort. Dann kleben Sie dies ebenfalls auf den Bogen.

Beginnen Sie mit dem Sammeln der Orte ohne große Überlegung. Zunächst sind es die nahe liegenden Orte. Es können Ortschaften, Städte, Landschaften, einzelne Zimmer, öffentliche Gebäude wie eine Rathaus, eine Kirche und andere sein.

Lassen Sie aus Ihrer Erinnerung und Ihrem Unbewussten die Orte aufsteigen, die für Sie zentral waren:

der Ort, an dem Sie sich zum ersten Mal sahen,

der Ort, an dem Sie sich lieben lernten,

die Orte, an denen sich Ihre Beziehung entwickelte,

die Orte, die besonders schön waren, die besondere Höhepunkte in Ihrem gemeinsamen Leben darstellen,

Urlaubsorte,

Orte besonderer Unternehmungen,

aber auch Orte, an denen Sie zusammen etwas Schwieriges erlebt haben, an denen Sie gemeinsam Probleme oder Konflikte zu bewältigen hatten,

Orte, die dem Verstorbenen wichtig waren, die für ihn kennzeichnend waren.

Lassen Sie sich Zeit. Ihnen werden immer wieder neue Orte einfallen. Sie können die beschriebenen Blätter chronologisch ordnen. Sie können sie im Raum wie eine große Landkarte auslegen. Sie werden sehen, wie die Orte sich wie ein tragendes Land Ihrer gemeinsamen Beziehungsgeschichte ausbreiten. Sie können es noch einmal betreten, indem Sie sich zu den einzelnen Ortsblättern stellen und so im Geist an diesen Ort gehen und in die damalige Situation eintreten.

Sie können sich zu jedem Ort überlegen, ob Sie ihn in der Realität noch einmal aufsuchen wollen, wann Sie das tun wollen, was Sie dabei noch einmal sehen wollen, was Sie vielleicht dort noch einmal mit dem Verstorbenen reden oder klären wollen. Vielleicht verknüpfen sich die aufzusuchenden Orte noch einmal zu einer Reise mit dem oder zum Verstorbenen, einer Reise in das gemeinsame vergangene Leben.

6 Leben mit der Erinnerung

»Was ich mit dir erlebt habe, geht nie verloren«

Erinnern schmerzt und tröstet

Noch in den ersten Tagen nach dem Tod meines Sohnes beginne ich intensiv nach Fotografien von ihm zu suchen. Welches sind die letzten Fotos, die es von ihm gibt? Wer hat Fotos aus seinen letzten Lebenstagen, die wir noch nicht kennen? Jedes Bild, das uns andere Menschen bringen, tröstet uns. Manchmal sind es ganz unscharfe Schnappschüsse, auf denen unser Sohn mehr zu ahnen als zu sehen ist – und trotzdem: Er ist es, er muss es sein – mein Sohn. Bei jedem dieser Bilder erlebe ich so etwas wie eine kleine Auferstehung.

Nach einigen Wochen scheint es keine unbekannten Fotos mehr zu geben. Dann werden wir zu Eltern einer Schulkameradin unseres Sohnes eingeladen. Beim Gang durch das Haus entdecke ich im Zimmer des Mädchens ein mir unbekanntes Bild meines Sohnes aus seinen letzten Lebenstagen. Überwältigt, überflutet von Gefühlen stehe ich davor. Ja, das ist mein Sohn, so wie er lebt! Für Augenblicke ist er einfach da – auf diesem Bild, in diesem Zimmer.

Erinnerungen sind die unmittelbarste Weise, den geliebten Menschen nahe kommen zu lassen. Erinnerungen steigen in uns auf, fallen uns ein, überfallen uns, drängen sich auf als Bilder, als kurze Spots, als innere Filme, als Déjà-vu-Erlebnisse, als Tag- und Nachtträume, als unwillkürliche Imaginationen, als Empfindungen und Gefühle. Kurz: Erinnerungen sind so reich wie das Leben selbst – deshalb sind sie für die Hinterbliebenen so wertvoll. Sie halten Situationen, Ereignisse, Erfahrungen und damit die Beziehung mit dem Verstorbenen in uns wach.

Wir können Erinnerungen aber auch aktiv ins Gedächtnis rufen. Wir können die Beziehung zum Verstorbenen selbst aktivieren, wenn unsere Sehnsucht uns dazu drängt. Auch der Schmerz über den Verlust kann ein wichtiger Stimulus sein, aktiv in die eigene Erinnerungswelt zu gehen. Dies ist eine wichtige Möglichkeit, uns selbst zu trösten und uns von den Erinnerungen trösten zu lassen.

Natürlich ist das Erinnern auch ein rückwärts gewandtes Tun: Wir gehen zurück zu einer vergangenen Zeit, die wir gemeinsam erlebt haben. Dies ist aber mehr als nur eine Regression, häufig ist es auch ein sehr bewusster kreativer Akt. Wir rufen Vergangenes in die Gegenwart und erleben es im Jetzt. Im Erinnerungsraum unserer Seele gibt es eigentlich keine Vergangenheit. Wenn wir diesen Raum aufsuchen, dann erleben wir den Verstorbenen jetzt. Wir erleben ihn als lebendiges Wesen von damals – aber eben im Augenblick! Das ist die ungeheuer tröstliche Erfahrung des Erinnerns: Was ich mit dir erlebt habe, erlebe ich jetzt noch einmal und es ist mir ganz gegenwärtig. In der Erinnerung leben wir die Beziehung zu dem geliebten Menschen. Wir wiederholen sie und vertiefen dabei unsere Liebe zu ihm. In der Erinnerung kommt uns der Verstorbene ganz nah: Wir sehen ihn, wir reden mit ihm, wir berühren ihn.

Dies kann mir niemand nehmen. Auch nicht der Tod. Deshalb sind Erinnerungen einer der sichersten Orte für den Verstorbenen. Hier finden wir ihn immer wieder und hier können wir ihn selbst aufsuchen. Die mit dem Verstorbenen einmal gelebte Wirklichkeit ist eine nicht auszulöschende Wirklichkeit. Diese Realität ist einmal in die Welt getreten und hat im Gedächtnis des Universums Spuren hinterlassen – nicht zuletzt in den Gedächtnissen der Hinterbliebenen. Dies bleibt als Wirklichkeit gesichert – gewissermaßen in alle Ewigkeit. Dieser Gedanke könnte auch skeptische oder areligiöse Menschen zumindest ahnen lassen, dass es mehr geben könnte, dass mit dem Tod nicht »alles aus« ist. Für Trauernde stimmt das Wort von Novalis in einer ganz besonderen Weise: *Erinnerung ist das Paradies, aus dem wir nicht vertrieben werden können.*

Allerdings können wir nicht immer in Erinnerungen an den Verstorbenen leben. Jede einzelne müssen wir wieder verlassen. Jedes Beenden einer Erinnerung ist wie ein erneuter kleiner Tod und macht bewusst, dass das eben Erlebte vergangen ist und dass es mit dem Verstorbenen nie mehr real so erlebt werden kann.

Deshalb sind Erinnerungen auch Erinnerungen an die Realität des Todes und damit schmerzlich. Eine Frau, die ihren 30-jährigen Sohn verloren hat, erzählt, dass ihr Mann die Videofilme aus den vergangen Tagen nicht mehr anschauen kann. Auch sie zögert. Doch als ihr Mann an einem Wochenende weg ist, schaut sie sie an. Schon lange hat sie nicht mehr so heftig und intensiv um ihren Sohn geweint. Zugleich aber ist sie in den vielen Erinnerungen, die die Videos reaktivieren, ihrem Sohn sehr nahe. Letztlich ist sie ganz erleichtert, dass sie den Schmerz »riskiert« und zugelassen hat. Die nahe Begegnung, die über die Erinnerungen entstanden war, überwog den Schmerz bei weitem.

Erlauben Sie sich, in der Vergangenheit des Erinnerns zu leben. Damit leben Sie jetzt die Liebe zu und mit Ihrem verstorbenen geliebten Menschen.

Erinnern ist Ihre kreative Fähigkeit, dem geliebten Menschen jetzt nahe sein zu können.

Äußere und innere Bilder – immer bist du in ihnen bei mir

Erinnerungen sind meist Bilder, die uns vor Augen kommen. Wie wir aus der Hypnotherapie und der Traumatherapie wissen, haben diese Bilder je nach Inhalt eine destruktive und schädliche oder aber eine heilsame und heilende Wirkung. Traumatische Bilder beleben in unserem Gehirn das traumatische Geschehen so, als geschehe es jetzt erneut. Unser Gehirn wertet innere Bilder als eigene Wirklichkeit, die sich kaum von der äußeren Wirklichkeit unterscheidet. Freundliche und schöne Bilder haben ebenso wie Bilder von helfenden Symbolen eine heilsame und tröstende Wirkung auf uns. Beispielsweise mit einem Bild von einem weiten, schönen Sandstrand oder einer ruhigen und kühlen Waldlichtung lässt sich diese Wirkung rasch und konkret erleben.

Schöne Erinnerungen an den Verstorbenen haben deshalb zweifellos tröstende und den Trauerschmerz lindernde Wirkung. Sie stärken auch die Bindung und die Beziehung zum Verstorbenen. Mit jeder Erinnerung kommt er uns näher und festigt unsere Beziehung.

Deshalb sind Erinnerungsbilder für den Trauerprozess und die gemeinsame Liebe so entscheidend und wichtig. Fotos können dabei ein Hilfsmittel sein, bekannte Erinnerungsbilder zu stärken oder vergessen geglaubte Erinnerungen wachzurufen. Im Folgenden möchte ich verschiedene Anregungen geben, die Ihnen helfen können, mehr und mehr in und mit Ihren Erinnerungen zu leben. Vielleicht passen eine oder mehrere der genannten Möglichkeiten zu Ihnen und Ihrer besonderen Situation:

- Sammeln Sie alle Fotografien vom Verstorbenen. Suchen Sie die schönsten Bilder heraus, in denen Sie ihren geliebten Menschen ganz eindrücklich, ganz charakteristisch und ganz nahe erleben. Vergrößern Sie die für Sie bedeutsamen Bilder. Wählen Sie einen passenden Rahmen, der den Verstorbenen im

Bild heraushebt und würdigt. Das kann je nach Geschmack schlicht und einfach oder kostbar ausgestaltet sein – allein Ihr Wunsch und Gestaltungswille zählen hier.

- Ordnen Sie die Bilder in zeitlicher Reihenfolge. Dann können Sie den gemeinsam erlebten Lebensweg immer wieder neu zusammen durchleben. Für manche sind hier Fotoalben richtig, andere gestalten mit vielen Bildern eine Art »Collage«, die den Lebensweg des Verstorbenen widerspiegelt.
- Stellen Sie die Bilder an Orte in Ihrer Wohnung, die für Sie passen. Es sollten Stellen sein, an denen Sie täglich vorbeikommen. Es kann auch eine besondere Stelle sein, an der Kerzen und andere Erinnerungsstücke aufgestellt sind. Genieren Sie sich nicht, so etwas wie einen »Altar« einzurichten. Es geht hier nicht um einen Kult um den Verstorbenen, sondern um einen Ort, an dem Erinnerungsarbeit möglich ist. In Japan werden über den Totenaltar die Verstorbenen in das Haus und in die Familie hinein genommen. Sie sind dann präsent und leben über das Bild im Lebensalltag der Familie.
- Betrachten Sie die Bilder immer wieder ganz bewusst. Dies ist nötig, da wir uns auch an Bilder von unserem Verstorbenen »gewöhnen« und sie manchmal nicht mehr richtig wahrnehmen. Sie sollten darüber nicht enttäuscht sein! Nehmen Sie sich immer wieder bewusst Zeit für die Bilder. Lassen Sie sich auf das Bild ein: Betrachten Sie die Gesichtszüge genau, blicken Sie ganz bewusst und lange in die Augen des Verstorbenen und halten Sie den Blickkontakt. Lassen Sie so das Gegenüber wieder lebendig werden. Wenn Sie mögen, können Sie das Gegenüber ansprechen und mit ihm reden.
- Für viele Menschen sind Videofilme wichtige Erinnerungsstützen. Nehmen Sie sich zum Anschauen bewusst Zeit und Ruhe. Machen Sie sich bewusst, dass dadurch noch einmal sehr heftiger Schmerz und Trauer aufsteigen können. Überlegen Sie für sich, ob Sie die Filme allein oder mit anderen anschauen wollen.
  Es bietet sich an, die Filme zu besonderen Gedenktagen wie dem Geburts- oder Todestag anzuschauen. Bewahren Sie die

Videos als einen besonderen Schatz und Zugangsweg zum Verstorbenen auf.

Die äußeren Bilder bereiten den Weg für innere Bilder. Die inneren sind letztlich die wichtigeren Bilder, weil sie aus Ihnen kommen und Ihnen ganz nahe sind. Umgekehrt verlebendigen wir die äußeren Bilder, indem wir sie mit unseren Erinnerungsbildern, Empfindungen und Gefühlen anreichern.

Innere Bilder lassen sich ganz bewusst wachrufen und intensiv erleben, indem wir die Methoden des gelenkten Tagtraumes und der Imagination anwenden. Auch die Methoden der Hypnotherapie und des Neurolinguistischen Programmierens helfen uns dabei. Ziel ist es, innere Bilder und Filme sehr intensiv, lebensnah und emotional zu erleben. Je intensiver wir das tun können, desto näher sind wir dem Verstorbenen und desto intensiver wird unsere Beziehung zu ihm.

Ich möchte dies hier nicht theoretisch erklären, sondern Sie zu einer Erinnerungsimagination einladen. Wir wenden diese Methode häufig ganz automatisch an, wenn wir uns intensiv bestimmte Dinge vorstellen.

ÜBUNG

Erinnerungsimagination

Denken Sie an eine vergangene Situation mit Ihrem verstorbenen Partner, mit Ihrem verstorbenen Kind, mit dem Menschen, den Sie verloren haben. Nehmen Sie eine ganz konkrete Situation, wie Sie sie vielleicht auch von einem Foto kennen. Es kann ein Fest sein, ein Ausflug, eine Familiensituation. Gleich, was es ist, nehmen Sie es auf und lassen Sie dieses Bild zunächst wie ein Foto vor Ihren Augen entstehen. Sie sehen den geliebten Menschen, Sie sehen sich und vielleicht noch andere Menschen.

Lassen Sie das Bild plastisch werden. Intensivieren Sie die Farben des Bildes, das Licht, das auf dem Bild liegt. Geben Sie die Töne und Klänge dazu, an die sich erinnern.

Und während Sie so das Bild vor sich immer deutlicher werden lassen, spüren Sie die Wärme und Nähe zu diesem geliebten Menschen.

Wenn Sie wollen, können Sie diese Empfindung verstärken, indem Sie in das Bild hineinsteigen. Sie treten an die Stelle, an der Sie gerade noch auf dem Bild zu sehen waren. Sie sind nun im gleichen Raum, im gleichen Zimmer, an der gleichen Stelle, in der gleichen Situation, so, wie Sie es damals erlebt haben. Nun sind Sie heute noch einmal ganz dort. Sie hören und riechen, was Sie damals gehört und gerochen haben.

Sie merken, wie Sie sich bewegen, wie die ganze Szene weitergeht. Es ist so, als geschehe sie jetzt in diesem Augenblick. Sie sind ganz Teil der Situation und des Ereignisses. Es geschieht so, wie Sie es kennen. Es geschieht jetzt in Ihnen. Sie sind ganz dabei wie damals. Alle Gefühle von damals sind jetzt spürbar, sind ganz lebendig in Ihnen. Sie sind ganz nah bei dem Menschen, den Sie so sehr lieben. Es ist eine große Freude, einfach alles noch einmal geschehen zu lassen, jetzt, ganz und gar. Und während Sie handeln, reden, hören, lachen oder Ihren geliebten Menschen umarmen wie damals, spüren Sie eine immer größer werdende Liebe und lassen diese Liebe in Ihren ganzen Körper eindringen und wirken.

Langsam geht die Situation zu Ende. Sie verabschieden sich mit dem Wissen, dass Sie zu jeder Sekunde Ihres bewussten Lebens in diese Situation zurückkehren können. Sie nehmen das Gefühl der Nähe mit, lassen langsam das Erinnerungsbild verblassen oder steigen aus der Szene aus. Sie spüren auch die Trauer, dass die intensive Begegnung im Erinnerungsbild nun zu Ende ist. Sie wissen, dass auch diese Trauer Ausdruck der Liebe zu Ihrem Verstorbenen ist.

Diese Erinnerungsimagination ist für jede erlebte Situation möglich. Ich schlage Ihnen vor, dies immer wieder durchzuführen und damit zugleich zu üben. Sie werden entdecken, dass Ihre Erinnerungen nicht nur intensiver werden, sondern dass jede Erinnerung weitere Erinnerungen nach sich ziehen und wachrufen wird.

Die Sorge, dass Sie dann nur noch in der Erinnerung leben, ist meiner Erfahrung nach unbegründet. Selbst wenn Sie sich immer wieder viel Zeit für die Erinnerungsarbeit nehmen, halte ich das für sinnvoll, ist die Erinnerung doch eine Bereicherung Ihrer Beziehung zum Verstorbenen. Außerdem genügen in zunehmendem Maß schon kurze Erinnerungsbilder, um eine intensive Nähe und Liebe zum Verstorbenen zu spüren.

ÜBUNG

Eine Bildersammlung voller Erinnerungen

Nehmen Sie ein leeres Heft, eine Kladde oder viele leere Blätter.

Schreiben Sie in die erste Zeile den Satz »Ich sehe dich, wie Du …« und ergänzen Sie ihn mit einer einzelnen Erinnerung an den geliebten Menschen. Das sieht dann beispielsweise so aus: »Ich sehe dich, wie Du im Garten am Teich stehst.«

Dann schreiben Sie den ersten Teilsatz erneut und ergänzen ihn wieder mit einer anderen Erinnerung. Diese darf auch eine ganz kleine oder unscheinbare Erinnerung sein, denn alles ist wichtig und jede noch so kleine Erinnerung kann der Schlüssel zu weiteren Erinnerungsschätzen sein, die bisher verborgen geblieben waren.

So füllen Sie das ganze Heft oder Schreibbuch mit vielen Erinnerungssätzen, die alle mit dem Satz beginnen »Ich sehe dich, wie Du …«

Sie können dieses Schreiben über Wochen, Monate und Jahre durchführen. Dann erhalten Sie einen sich immer mehr anreichernden Erinnerungsschatz, auf den Sie jederzeit zugreifen können, wenn Sie die Nähe zu Ihrem geliebten Menschen suchen möchten.

Erinnerungszeichen – sie rufen dich in mir wach

Viele konkrete Dinge lässt der Verstorbene zurück. Dinge, die er benutzt hat, die ihm wichtig waren und die ihn begleitet haben. Kleidungsstücke sind hier von besonderer Bedeutung. Oft tragen sie noch den Geruch des Verstorbenen. Manche Hinterbliebene bewahren sie lange auf, ohne sie zu waschen. Immer wieder drücken sie Kleidungsstücke an die Wangen, um an ihnen zu riechen und sie zu spüren. Über den Geruch wird die Nähe des Verstorbenen intensiv wahrgenommen. Dies ist vor allem für Menschen wichtig, die weniger bildhaft und visuell wahrnehmen. Manche schämen sich, über das Riechen dem Verstorbenen nahe zu sein. Doch der Geruch ist eine hilfreiche Brücke zum Verstorbenen und darf wie alles andere auch genutzt werden.

Sehr wichtig sind aber auch Gegenstände, die der Verstorbene selbst hergestellt hat, seien es Schriftstücke, Tagebücher, Werkstücke oder von ihm gemalte Bilder. Oft zeigt sich in diesen Dingen etwas von den Fähigkeiten oder Charakterseiten des Verstorbenen. Manchmal sind es Gegenstände wie zum Beispiel eine gemeinsam oft gehörte CD oder ein Buch, das sie beide gelesen haben, die eine gemeinsame Erfahrung tragen und so zu einem Verbindungsstück werden.

Wenn ich beispielsweise beim Bäcker vor der Warenauslage stehe, dann fällt mein Blick jedes Mal auf bestimmte Käsebrötchen – und dann ist mein Sohn da. Viele Frühstücke sind mir sofort präsent, bei denen er auf »sein« Käsebrötchen bestand, das ich fast jeden Samstag für ihn einkaufte. Ich bin mir sicher, dass diese Käsebrötchen für mich für immer etwas ganz Besonderes bleiben werden. Sie sind zu Erinnerungszeichen für die Frühstücke mit meinen Sohn geworden. Sie erinnern mich aber auch schmerzlich daran, dass ich nie mehr Brötchen für ihn zu kaufen brauche und dass ich nie mehr ein Frühstück mit ihm erleben kann.

In diesem Prozess von Erinnerung und Schmerz über die Abwesenheit des Verstorbenen werden solche Gegenstände zu

Symbolen für den Verstorbenen. Sie stehen für bestimmte Zeiten mit ihm, für besondere Situationen – letztlich dann für ihn selbst. Die Gegenstände können in die Hand genommen und berührt werden. Sie stellen so eine sensorische Verbindung zum Verstorbenen her, in der er ganz nahe erlebt werden kann. Deshalb sollten Sie als Trauernde sehr bewusst mit den zurückgelassenen Dingen des Verstorbenen umgehen:

- Überlegen Sie, welche Gegenstände bestimmte Seiten und Aspekte Ihres geliebten Verstorbenen symbolisieren. Wichtig sind hier Dinge wie Bilder oder Briefe, die der Betroffene selbst hergestellt hat. Bewahren Sie diese besonders gut auf. Einen oder mehrere kleinere Gegenstände können Sie auf den »Altar« in der Wohnung legen.

- Gemeinsam benutzte Dinge wie Bücher oder CDs sollten Sie immer wieder gebrauchen. Tun Sie dies im Gedenken an den Verstorbenen. Sie können sich vorstellen, dass Sie das jetzt noch einmal gemeinsam benutzen.

- Scheuen Sie sich nicht, Kleidungsstücke aufzubewahren, die noch den Geruch des Verstorbenen tragen. Auch das Parfüm, eine Seife oder ein Rasierwasser, das der Verstorbene benutzte, sind als Verbindungsbrücke wichtig.

- Nicht alle Dinge des Verstorbenen werden Sie aufbewahren können. Wenn Sie sie weggeben müssen oder wollen, dann tun Sie das sehr bewusst und verabschieden Sie sich von Ihnen. Wichtige Dinge werden Sie auch in Erinnerung behalten und immer dann, wenn Sie sie woanders sehen, werden auch diese weggegebenen Gegenstände zum Erinnerungszeichen für Ihren geliebten Angehörigen.

Ähnlich wie Fotografien werden Gegenstände zunehmend zu einem Erinnerungsimpuls für innere Bilder. Im Trauerprozess können wir sie als so genannte Übergangsobjekte verstehen, die die geliebte Person so lange repräsentieren, bis der Verstorbene ganz sicher als inneres Bild in unserer Seele verankert ist. Deshalb ist es nicht verwunderlich, wenn manche Gegenstände allmählich ihre Bedeutung verlieren. Das ist ein Zeichen dafür, dass ich mehr und mehr selbst in eine erinnernde Verbindung zum Verstorbenen gekommen bin. Ich brauche nicht mehr unbedingt äußere Anstöße, sondern kann zunehmend selbst Erinnerungen wachrufen. Deshalb möchte ich Ihnen eine Übung für das Sammeln innerer Erinnerungsstücke vorschlagen:

ÜBUNG

Erinnerungsschatzkästchen

Wertvolle Dinge wollen gut aufbewahrt sein: in einer Schatztruhe, in einem Schatzkästchen, in einer Schatzhöhle vielleicht …

Lassen Sie solch ein Behältnis nun in Ihrer Vorstellung aufsteigen. Sie brauchen dieses Schatzkästchen, um die wichtigsten Erinnerungsstücke an Ihren geliebten Verstorbenen dort gut und sicher zu verwahren. Sie gehen in sich auf Schatzsuche. Sie suchen nach den wichtigsten Erinnerungsstücken, Erinnerungssymbolen oder Gegenständen, die der Verstorbene für Sie zurückgelassen hat. Es gibt sehr viele Dinge, Gegenstände und Symbole. Ihr Unbewusstes wählt die drei, vier oder mehr Wichtigsten aus.

Vielleicht ist es etwas, was Ihr geliebter Angehöriger selbst hergestellt hat: ein gemaltes Bild, ein Brief, …

Vielleicht ist es etwas, was Ihrem Angehörigen sehr wichtig war und was er gerne gemocht hat.

Vielleicht ist es etwas, was er oder sie gerne angezogen oder getragen hat.

Vielleicht ist es etwas, was Sie beide gemeinsam gebraucht haben: ein Buch, eine CD, ein Küchengerät.

Nehmen Sie diese Erinnerungsstücke behutsam in die Hand. Berühren und spüren Sie sie. Sie wissen, dass Sie diese Dinge lange und gut aufbewahren wollen, weil sie Sie an den Verstorbenen erinnern und eine Verbindung zu ihm schaffen. Sie legen diese Erinnerungssymbole nun in Ihr imaginäres Schatzkästchen, vorsichtig und behutsam. Dann schließen Sie es mit einem goldenen Schlüssel, den Sie immer bei sich tragen werden. So können Sie jederzeit die Truhe öffnen, besonders in Zeiten, in denen Ihnen der geliebte Angehörige fern scheint. Sie können dann jederzeit ein Erinnerungsstück herausnehmen und zärtlich in die Hand nehmen.

Erinnerungszeiten – ich erlebe diesen Tag mit dir

Erinnerung braucht Zeit und Zeiten, in denen sie besonders gelebt werden kann. Diese Zeiten drängen sich unmittelbar auf: der Geburts- oder Namenstag des Verstorbenen, der Kennenlern- oder Hochzeitstag, andere wichtige Gedenktage, der Todestag, aber auch Tage wie Ostern, Weihnachten und Neujahr.

Schon vor dem Tod des geliebten Angehörigen waren dies Zeiten, in denen gemeinsam intensive Nähe gelebt und miteinander geteilt wurde. Deshalb sind solche Tage mit vielen Erinnerungen verbunden und mit vielen Gefühlen aufgeladen. Hierin liegt die eigentliche Chance solcher Tage: Wir können diesen Tag dem Verstorbenen als seinen Tag widmen, den wir mit ihm und er mit uns verbringen möchten. Wir leben diesen Tag mit dem Verstorbenen, mit seiner Präsenz und seiner Nähe.

Ein geschiedener Vater wählt den Geburtstag seiner verstorbenen Tochter als ihren gemeinsamen Tag. Morgens besucht er lange ihr Grab, um mit ihr zu reden. Dann geht er dorthin, wo er früher oft mit ihr war, in den Zoo oder an einen See, um dort in stillem Erinnern mit ihr zusammen zu sein.

Eine Witwe lädt noch lange Jahre nach dem Tod ihres Ehemannes an dessen Geburtstag die Verwandten ein. Zuerst geht die Familie zum Grab. Jeder legt seine mitgebrachten Blumen nieder. Auf dem Heimweg werden gemeinsame Erinnerungen geteilt, die die Verwandten mit dem Verstorbenen verbinden. Dann gibt es Kaffee und Kuchen wie bei jedem anderen Geburtstag auch. Jeder weiß dabei, dass der Geburtstag des Verstorbenen gefeiert wird.

Für die Witwe sind diese Feiern tröstlich, weil sie ihren Mann immer wieder ganz nahe spürt. Für Augenblicke ist sie dann »geistig abwesend«. Die Verwandten wissen dann, dass sie bei ihrem Mann ist. Die Gespräche und das Lachen werden etwas leiser, es gibt Augenblicke von Innehalten – dann geht das Geburtstagsfest weiter.

Erinnerungstage sind oft auch sehr schmerzlich, weil wir erleben müssen, dass der Verstorbene nicht dabei sein kann und dass wir diesen Tag ohne ihn begehen müssen. Deshalb versuchen manche Trauernde solche Tage zu verdrängen und zum Beispiel an diesem Tag ganz »normal« zu arbeiten. Andere verreisen, um diesen Tagen zu entfliehen. Sie hoffen, dass sie in einer fremden Stadt abgelenkt sind und nicht so sehr den Schmerz des Erinnerns erleben müssen. Vor allem mit dem Todestag versuchen viele so oder ähnlich umzugehen, weil er vornehmlich als Tag des Sterbens und des Abschied-nehmen-Müssens verstanden wird.

Auch diese Versuche, so mit Gedenktagen umzugehen, sind zu respektieren, insbesondere dann, wenn dies sehr bewusst getan wird. Vielleicht gibt es später einmal, aus einem größeren Abstand heraus, die Möglichkeit, diese Tage als Tage des Erinnerns anders zu gestalten.

Vielleicht helfen dazu folgende Anregungen:

– Halten Sie die für Sie wichtigen Erinnerungs- und Gedenktage in Ihrem Kalender fest. Das sind ganz besondere Tage, die sich aus dem Fluss aller anderen Tage herausheben. Machen Sie sich bewusst, dass es Tage des Schmerzes und der intensiven Nähe zum Verstorbenen sein können.

– Überlegen Sie bewusst, wie Sie ganz persönlich diesen Tag gestalten möchten: Möchte ich alleine sein oder mit anderen zusammen sein? Möchte ich an diesem Tag arbeiten oder nicht? Möchte ich zu Hause sein, an einem weit entfernten Ort oder an einem Ort, an dem ich mit dem Verstorbenen früher oft war? Wie Sie diese Fragen für sich beantworten, liegt ganz alleine bei Ihnen. Folgen Sie dabei Ihren Gefühlen und Impulsen. Lassen Sie sich nicht von anderen und von dem, was »man« tun soll, einengen. Wichtig ist allein, ob Sie an diesem Tag Trauer und Schmerz einerseits, Begegnung und Nähe mit dem Verstorbenen andererseits möchten.

– Sehr häufig allerdings überfällt die Hinterbliebenen Ratlosigkeit oder Unsicherheit. Sie wissen nicht, wie sie die besonderen Tage gestalten wollen, oft haben Sie keine Kraft dazu. Dies scheint mir insbesondere im den ersten Jahren nach dem Tod des Angehörigen ganz normal zu sein. Deshalb sollten Sie sich Ihre Unsicherheit nicht vorwerfen, sondern als Ausdruck Ihrer großen Trauer und der Anstrengung der Trauerarbeit sehen. Dann sollten Sie den Tag ohne besondere Gestaltung erleben – allerdings sehr bewusst, um so zu erspüren, was Sie beim nächsten Gedenktag für sich brauchen, was Ihnen dann gut tun wird und wie Sie beim nächsten Mal die Nähe zu Ihrem geliebten Menschen gestalten wollen.

- Manchmal hilft es, mit Freunden oder dem Pfarrer über diese Fragen zu reden. Sie haben aus dem Abstand heraus oft die passenden Vorschläge.

- Sie können sich auch fragen – oder dies im direkten Zwiegespräch mit dem Verstorbenen tun –, wie er sich den Tag wohl wünschen würde, was er an »seinem« Tag braucht.

- Nehmen Sie sich Zeit, um an das Grab zu gehen und – wenn Sie mögen – sich auf ein Zwiegespräch mit dem Verstorbenen einzulassen. Vielleicht werden Sie an diesem Tag besondere Blumen auf das Grab legen oder das Grab wie zu einem Geburtstag oder zum Weihnachtsfest schmücken.

- Vielleicht möchten Sie für den Verstorbenen ein Geschenk kaufen, ihm eine besondere Grußkarte schreiben und aufs Grab legen.

- Nehmen Sie sich an diesem Tag Zeit, ganz bewusst Erinnerungen »aufzutanken«: Schauen Sie sich Fotoalben, Dias oder Videofilme aus gemeinsamen Zeiten mit dem Verstorbenen an und tauchen Sie in das Land der Erinnerungen ein.

- Vielleicht möchten Sie an diesem Tag eine Andacht oder Besinnung gestalten. Sie können zum Beispiel am Grab oder im Kreis der Freunde ein Gedicht oder ein Gebet sprechen, ein Lied singen. Vielleicht beauftragen Sie damit auch einen Freund oder den Pfarrer, die das für Sie übernehmen.

Wenn es Ihnen gelingt, diese Erinnerungstage auch nur mit einer kleinen Geste zu gestalten oder sie einfach nur bewusst und mit innerer Anteilnahme zu erleben, werden diese Tage zu besonderen Inseln, die aus der vergehenden Zeit auftauchen. Sie sind dann beides, Tage, an denen der Schmerz und die Trauer da sind und da sein dürfen, und Tage, an denen wir dem geliebten Menschen besonders intensiv begegnen können.

Erinnerungsrituale – durch sie erinnere ich mich an dich

Erinnerungsrituale entstehen oft in den vorher beschriebenen, herausgehobenen Erinnerungszeiten. Das sind klassische, oft auch noch von der Tradition vorgegebene Rituale wie der tägliche oder sonntägliche Gang zum Grab oder die Fürbitte für den Verstorbenen im täglichen Gebet. Daneben gibt es aber auch hilfreiche Alltagsrituale, die in uns immer wieder die Erinnerung an den Verstorbenen hervorrufen. Oft entstehen solche Rituale aus unwillkürlichen und spontanen Handlungen, manchmal ganz unbewusst und natürlich.

So fällt mir auf, dass ich morgens beim Gang zum Auto immer an meinen Sohn denke und dabei meine Schritte einen winzigen Augenblick verzögere. Mir wurde bewusst, dass dies durch den Blick auf die Straße ausgelöst wurde. Ich sah vor meinem inneren Auge, wie mein Sohn auf ihr zur Schule ging.

Seitdem ich das erkannt habe, bleibe ich nun einen Augenblick stehen, schaue zu meinem Sohn dort auf der Straße und sage leise für mich seinen Namen. Nach diesem winzigen, aber wirkungsvollen Ritual, das von außen kaum sichtbar ist, steige ich ein wenig getröstet ins Auto und fahre zur Arbeit.

Derartige Rituale sind zuverlässige Handlungs- oder Denkmuster, die so gut in uns verankert sind, dass sie wie selbstverständlich geschehen. Eigene Erinnerungsrituale geben uns die Sicherheit, dass wir die Erinnerungen und den inneren Kontakt zum Verstorbenen nicht verlieren.

Mit den folgenden Hinweisen und der Übung am Ende des Kapitels möchte ich Sie gerne zur eigenen Gestaltung von hilfreichen Erinnerungsritualen einladen:

- Schauen Sie, in welchen Situationen Ihnen der Verstorbene einfällt. Was sind das für Situationen und wie könnten Sie sie bewusst herbeiführen? Was tun oder denken Sie in dieser Situation und wie könnten Sie das nun sehr bewusst tun, viel-

leicht auch noch ausgestalten? Fällt Ihnen beispielsweise der Verstorbene kurz vor dem Einschlafen ein mit dem Gedanken: »Heute hatte ich noch gar keine Zeit für dich«, dann könnten Sie die Einschlafsituation dazu nutzen, ganz bewusst an den Verstorbenen zu denken und eine konkrete Erinnerung wachzurufen.
So wird die Erinnerung zu einem kleinen Ritual vor dem Einschlafen mit der Überschrift: »Kein Tag ohne eine bewusste Erinnerung an meinen geliebten Menschen«.

- Gibt es Rituale, die Sie von anderen kennen und die Sie als ein eigenes Erinnerungsritual fruchtbar machen möchten? Oder kennen Sie sonstige Rituale, die Sie nun ganz speziell als Erinnerungsritual nutzen wollen?
  Eine Frau geht zum Beispiel sehr bewusst in jede Kirche und entzündet dort eine Kerze mit einem Gedanken an den verstorbenen Menschen. Ein Witwer legt bei seinen Gebirgswanderungen an Wegzeichen oder schon vorhandenen Steinkegeln einen Stein für seine verstorbene Frau ab, spricht leise ihren Namen und macht innerlich eine kleine Verbeugung.

- Beim Meditieren oder Beten können Sie Raum für den Verstorbenen lassen, indem Sie an ihn denken, sein Bild vor sich entstehen lassen, beim Einatmen seinen Namen sagen oder für ihn eine Fürbitte sprechen.

- Ein größeres Erinnerungsritual könnte zum Beispiel sein, dass Sie für den Verstorbenen ein Erinnerungsbuch führen und sich vornehmen, an jedem Abend eine Erinnerung aufzuschreiben. Nach einem Jahr werden Sie ein reiches Buch voller Erinnerungen vor sich liegen haben. Im nächsten Jahr könnten Sie sich an jedem Abend eine Erinnerung aus Ihrem Buch laut vorlesen.

Es sind viele Formen von kleineren und größeren Erinnerungsritualen denkbar. Immer sollten sie so sein, dass sie für Sie stimmen und Sie in Ihren Erinnerungen sicher werden lassen, so »verrückt« sie auch erscheinen mögen.

Ich möchte Ihnen ein kleines Ritual vorschlagen, das den Vorteil hat, dass Sie es überall hin »mitnehmen« und unbemerkt für andere durchführen können:

ÜBUNG

Fünf-Finger-Erinnerungsritual

Ich möchte Sie einladen, Ihre fünf Finger der rechten Hand (für Linkshänder die linke Hand), zu einem Erinnerungsritual zu nutzen. Schauen Sie sich Ihre offene Hand an, den Handteller und die fünf Finger.

Führen Sie dann Ihren Daumen und Ihren Zeigefinger zusammen, legen Sie sie aufeinander. Halten Sie sie fest und rufen Sie sich eine Erinnerung von Ihrem geliebten Menschen vor Augen, die ganz am Beginn Ihres Zusammenseins steht. Lassen Sie die Erinnerung ganz plastisch werden. Verbinden Sie sie mit Ihrem Zeigefinger und Daumen. Immer, wenn Sie sich entscheiden, Daumen und Zeigefinger aufeinander zu legen, wird Ihnen diese Szene einfallen. Dann öffnen Sie die beiden Finger. Die Erinnerung wird nun verblassen und Sie verlassen diese.

Legen Sie nun den Daumen auf den Mittelfinger und denken Sie an eine Szene, in der Sie mit dem geliebten Menschen gemeinsam etwas unternommen oder bewältigt haben. Halten Sie die Erinnerung fest und verbinden Sie diese mit der Berührung von Daumen und Mittelfinger.

Legen Sie dann den Daumen auf Ihren Ringfinger und rufen Sie sich eine Situation in Erinnerung, in der Sie ganz nahe mit dem geliebten Menschen zusammen waren.

Wenn Sie dann den Daumen auf den kleinen Finger legen, erinnern Sie sich an eine fröhliche und heitere Situation mit dem geliebten Menschen.

Sie können, wo immer Sie sind, mit dieser kleinen rituellen Geste zwischen Ihrem Daumen und den anderen Fingern Ihrer rechten Hand die Erinnerung an Ihren geliebten Menschen wachrufen.

Trauerarbeit ist so zu einem großen Teil Erinnerungsarbeit, bei der der Hinterbliebene sich immer mehr und intensivere Erinnerungen »erarbeitet«, sich heranholt und in seinem Inneren bewahrt. Er wird dabei die Erfahrung machen, dass diese Erinnerungswelt zunehmend reicher wird. Rose Ausländer drückt das in folgenden Gedichtzeilen aus:

Nicht vorüber

Was vorüber ist
ist nicht vorüber
Es wächst weiter
in deinen Zellen
ein Baum aus Tränen
oder
vergangenem Glück
Rose Ausländer

7 Leben mit den Symbolen der Natur

»Du bleibst bei mir in den Bäumen, im Wind und in den Sternen«

In der Natur begegne ich dir

Stehe nicht an meinem Grab und weine.
Ich bin nicht dort. Ich schlafe nicht.
Ich bin die tausend Winde, die wehen.
Ich bin der Diamantglanz auf dem Schnee.
Ich bin das Sonnenlicht auf reifem Korn.
Ich bin der warme Herbstregen.
Wenn du aufwachst in der Morgenstille
bin ich der Flügelschlag der stummen Vögel.
Ich bin die sanften Sterne, die nachts leuchten.
Stehe nicht an meinem Grab und weine.
Ich bin nicht dort,
ich bin nicht tot.

Verfasser unbekannt

Immer wieder berühren mich diese Zeilen. Immer wieder trösten sie mich. Das ist für mich sehr überraschend, da ich bisher nicht besonders naturverbunden war. Wie viele Hinterbliebene erlebe ich aber die Natur nach dem Tod meines Sohnes in einer gänzlich anderen, vertieften Weise. In ihrer Größe, in ihrer Weite wurde sie für mich zu dem Raum, in dem – wie das obige Gedicht ausdrückt – mein Sohn aufgehoben und gehalten sein muss.

Auch viele andere Betroffene erleben sich über die Natur und einzelne Naturerfahrungen mit dem geliebten Menschen verbunden. Das Sterben und der Tod werden dabei als Übergang oder als Wandlung in die Weite und Tiefe der Natur verstanden. Der Verstorbene ist mit der Natur, mit dem Himmel oder der Erde eins geworden. Er ist in ihr, er lebt in ihr weiter. Deshalb kann ich als Angehöriger umgekehrt über und in der Natur mit dem geliebten Menschen verbunden sein. Wenn ich mich einlasse auf die Verschmelzung mit der Natur, dann bin ich dem geliebten Menschen nahe. Dann lebt er in der Natur und in Naturphänomenen weiter. Nicht nur einzelne Naturereignisse verweisen auf den Aufenthaltsort des Verstorbenen, sondern die ganze Natur wird durchsichtig für die Anderwelt der Verstorbenen.

Manche Betroffene berichten, dass manchmal die ganze Natur für Augenblicke den Verstorbenen abbildet und repräsentiert. Alles, was sie umgibt, wie die Weite am Strand oder der unendliche Himmel im Gebirge, atmet die Nähe des Verstorbenen. In allem, was sie umgibt, umarmt sie der geliebte Mensch. Es ist eine körperlose und durch die Natur vermittelte Nähe.

Der sichere Ort für den Verstorbenen ist in diesen Erfahrungen nun nicht mehr der konkrete Platz des Grabes, sondern die Natur selbst. Der sichere Ort wird hier von dem eingeengten Ort des Grabes auf die ganze Natur ausgeweitet. Und da wir die Natur als Konstante erleben, wird sie zu einem sehr sicheren, geborgenen Ort für den Verstorbenen. Da wir die Natur überall aufsuchen können, wird sie selbst zum Begegnungsort, an dem wir den Verstorbenen erfahren können. Hierin beruht sicherlich auch die tröstende Wirkung solcher Näheerfahrungen in und über die Natur, die den Betroffenen Wege zur Spiritualität und zum Glauben öffnen können.

– Wenn Sie am Grab Ihres geliebten Menschen stehen, dann nehmen Sie einmal ganz bewusst die umgebende Natur wahr, die Bäume, den Himmel am Morgen oder Abend, den Glanz der Sonne, den Hauch des Windes, die Wärme oder die Kälte. Verbinden Sie sich innerlich mit diesen Naturphänomenen. Lassen Sie alle Empfindungen, Einfälle und aufsteigenden Bilder zu. Sie gehören auch hier am Grab zum großen Raum der Natur, der Sie umgibt.

– Suchen Sie bewusst die Natur auf. Schauen Sie, in welchen Landschaften und bei welchen Naturphänomenen Sie mit dem Verstorbenen früher zusammen waren. Waren es gemeinsame Bergwanderungen oder das gemeinsame Schwimmen im Meer? Waren es gemeinsame Erfahrungen bei einem Sonnenaufgang oder -untergang? Die Landschaft wird so zur Erinnerungsbrücke zu gemeinsamen Erfahrungen, sie wird zum Symbol der Verbundenheit mit Ihrem geliebten Menschen.

- Fahren Sie bewusst – am besten alleine – ans Meer, ins Gebirge oder in die Wüste. Lassen Sie sich auf die Weite und Größe dieser Landschaften ein. Nehmen Sie die Landschaft in sich auf, und versuchen Sie, ihr ganz nahe zu kommen. Sie sind wie Ihr geliebter Mensch nun ganz Teil der Natur.

- Schauen und erspüren Sie, in welchem Natursymbol Sie sich Ihrem geliebten Menschen nahe fühlen. Das können der Himmel, das Licht der Sonne, der Regenbogen, das Meer oder vieles andere sein. Stellen Sie zum Beispiel eine Fotografie des Himmels auf oder legen Sie eine Muschel zu den Bildern des Verstorbenen. So werden Sie immer wieder daran erinnert, dass Ihr geliebter Mensch in der Realität der Natur aufgehoben ist.

Mit einem rein naturwissenschaftlichen Verständnis lassen sich die beschriebenen Erfahrungen von Hinterbliebenen nicht erfassen. In der üblichen Spaltung zwischen dem Ich meiner Person und der mich umgebenden Natur bleibt diese stumm für die transzendierenden Näheerfahrungen. Hinterbliebene erleben das ganz anders – und vor allem erleben sie das bei allem Schmerz über die Abwesenheit des Verstorbenen als tiefen Trost. Das alleine zählt für mich, zumal diese Erfahrungen ihre eigene Realität und damit ihre eigenen Würde besitzen. Wir werden nachher sehen, dass das Wunder der Synchronizität auch noch einen anderen Blick ermöglicht, der zumindest eine wissenschaftliche Annäherung denkbar macht.

Naturerfahrungen als Brücke zum Verstorbenen – Der Regenbogen führt mich zu dir

Hinterbliebene erleben bestimmte Naturphänomene als Hinweise auf die ganz andere Welt, in der der Verstorbene weilt. Sie sind zugleich Brücke, die die eigene traurige Welt des Verlustes mit der anderen Welt des Verstorbenen verbindet. Sie zeigen den Hinterbliebenen, dass der Verstorbene nicht verloren ist, sondern an einem anderen, fernen Ort aufgehoben ist. In diesen Naturerscheinungen öffnet sich die eigene abgeschlossene Trauerwelt. Für Augenblicke des intensiven Spürens ist der Blick in die andere Welt freigegeben. Das kann bei einem Sonnenaufgang oder -untergang sein oder bei ganz besonderen Lichtverhältnissen auf dem Friedhof geschehen.

Der Hinterbliebene spürt, dass er jetzt nicht mehr allein ist, dass ihm jetzt das Gegenüber des Verstorbenen nahe ist. Oft sind das für die Betroffenen ganz intuitive und unmittelbare Stimmungen und Empfindungen, die die Nähe des Verstorbenen wachrufen. Häufig sind es aber auch Natursymbole, die im Leben des Verstorbenen schon eine Rolle gespielt haben. Auch in religiösen und mythischen Traditionen verweisen diese Naturphänomene immer schon symbolisch auf eine Welt jenseits der objektiven Natur. Sie sind nicht nur objektive Naturereignisse, sondern zugleich archetypische Bilder aus dem Unbewussten unserer Seele.

Ich möchte dies am Beispiel des Regenbogens näher erläutern. Eine Mutter erzählt, dass ihr fünfjähriger Sohn immer wieder Regenbogen malte, weil er von diesem Naturschauspiel ungeheuer fasziniert war. Alle Versuche der Eltern konnten das Unbegreifliche nicht erklären: Mit Händen ist der Regenbogen nicht zu fassen, und doch steht dieser Farbbogen am Himmel. Einer Fernsehsendung – »Die Sendung mit der Maus« – über den Regenbogen schaut er mit seiner Mutter wie gebannt zu. Als Schlussbild der Sendung steht ein Regenbogen über einem See. Wenige Tage später ertrinkt der Junge in einem See.

Für die Mutter ist sofort klar, dass der Regenbogen auf ihren Sohn verweist. Sie bewahrt alle von ihm gemalten Regenbogenbilder auf. Jeder Regenbogen, den sie nun sieht, ruft einerseits die ungeheure Sehnsucht nach ihrem Sohn wach, andererseits spürt sie durch ihn auch seine Nähe. Der Bogen ist für sie eine Brücke zu ihrem Sohn. Er ist ungreifbar und transparent und doch ganz real – so erlebt sie auch die abwesende Anwesenheit ihres Sohnes. Beim Verblassen des Regenbogens lässt sie ihren Sohn wieder gehen und weiß schon, dass der nächste Farbbogen am Himmel ihren Sohn wieder nahe bringen wird.

Ein ganz ähnliches Verständnis des Regenbogens zeigt sich auch in der Religionsgeschichte. Er verbindet wie eine Brücke die unterschiedlichen Sphären der Welt, das Unten und das Oben, das Sichtbare und Unsichtbare. Er verbindet die Menschen mit der jenseitigen Welt der Götter. Iris, die griechische Götterbotin, geleitet die Verstorbenen über den Regenbogen in die jenseitige Welt. Als Götterbotin ist sie so mit dem Regenbogen verbunden, dass seine Farben als »Farben der Iris« bezeichnet wurden.

ÜBUNG

Regenbogenimagination

Wenn Sie möchten, können Sie jetzt einen Regenbogen vor Ihrem inneren Auge entstehen lassen. Leicht und sanft regnet es vor einem vielleicht noch wolkenverhangenen Himmel. Die Sonne wirft ihr Licht in die Tropfen und zaubert einen Regenbogen an den Himmel.

Sie lassen sich von den feinen Farben verzaubern und hinein nehmen. Sie spüren eine Leichtigkeit, die Sie hebt und in eine andere Welt trägt. Leicht lassen Sie sich hinaufheben auf den Gipfel des Regenbogens. Sie wissen intuitiv, dass Ihnen dort der Mensch begegnen wird, den Sie so lieben. Vielleicht winken Sie sich nur zu, von der Ferne, beide im Licht des Bogens. Vielleicht treten Sie auf dem Zenit des Bogens aufeinander zu, berühren sich. Vielleicht umarmen Sie sich, halten sich fest. Überlassen Sie die Bilder ganz Ihrem Unbewussten.

Nach einer Weile verabschieden Sie sich. Jeder geht auf der Farbbahn des Regenbogens zurück in seine Welt: Sie in die Ihre, der andere in die seine. Trauer und Wehmut spüren Sie, aber auch den Trost der erlebten Nähe, den Trost der warmen Farben des Regenbogens. Wie ein Tuch können Sie diese Farben um sich schlingen. Sie nehmen dieses Farbtuch mit wie einen Gruß von Ihrem geliebten Menschen.

Dann kommen Sie langsam wieder zurück. Sie wissen, jeder Regenbogen – der vor Ihrem inneren Auge oder jener reale und doch so unwirkliche am Himmel – kann eine Brücke sein zu Ihrem geliebten Menschen.

Sichere Orte in der Natur – Von deinem Stern blickst du auf mich herab

Wenn du bei Nacht
in den Himmel schaust,
wird es dir sein,
als lachten alle Sterne,
weil ich auf einem von ihnen wohne,
weil ich auf einem von ihnen lache.
Antoine de Saint-Exupéry, aus: Der kleine Prinz

In kindlicher und doch zutiefst nahe gehender Sprache drücken die Zeilen von Antoine de Saint-Exupéry die Idee des sicheren Ortes für die Verstorbenen aus. Dort oben auf dem Stern weilt der Verstorbene in seiner eigenen Welt und bleibt doch mit den Menschen auf der Erde verbunden. Der Stern ist zum Aufenthaltsort und zur leuchtenden Erinnerung an den Verstorbenen geworden. Der jede Nacht leuchtende Stern ist der Garant für das Weiterleben des Verstorbenen und seinen Kontakt zum Hinterbliebenen. Die ewige Wiederkehr der Sterne und die Konstanz des Sternenhimmels verbürgen das ewige Weiterleben des Verstorbenen.

Trauernde wählen immer wieder ähnliche Orte der Natur für den sicheren Aufenthalt ihres Verstorbenen: den Himmel, die Sterne, das Meer, die Mutter Erde, den Sonnenuntergang oder das Licht. Es sind Orte, die einerseits sichtbar und begreifbar sind, andererseits aber sind sie wie der Himmel oder die Sterne unendlich weit entfernt oder wie das Meer ungreifbar. So machen sie für den Hinterbliebenen auch die schmerzliche Ferne des Verstorbenen deutlich.

Die unmittelbar zu spürende Ferne dieser Orte zeigt auch, dass sie an der Grenze zwischen unserer und der ganz anderen Welt, einer jenseitigen und transzendenten liegen. Sie selbst werden durch ihre Ferne und Unbegreiflichkeit zu Symbolen der Unendlichkeit und Transzendenz. Die Verstorbenen, die dort verweilen, haben Anteil an der unerreichbaren Transzendenz dieser Orte und existieren nun selbst in einer ganz anderen, »jenseitigen« Seinsweise, die nicht mehr mit dem irdischen Leben zu vergleichen ist.

So ist der Himmel wohl der älteste symbolische Aufenthaltsort der Verstorbenen, bildet er doch einerseits die höchste Grenze der Welt, lassen sich in ihm andererseits aber auch unendlich weite Räume erahnen. In seiner Unendlichkeit, in seiner transparenten blauen Ferne ist er auch noch nach seiner naturwissenschaftlichen Erforschung ein für die Seele gültiges Symbol der jenseitigen Welt der Verstorbenen.

Auch die Sterne stehen für diese transzendente Welt, scheint doch ihr Licht aus einer ganz anderen Welt zu kommen. Sie stehen jede Nacht am Himmel, scheinbar zum Greifen nahe und doch so unendlich fern, genau wie die Erfahrung der Hinterbliebenen in ihrer Beziehung zum Verstorbenen.

So fern diese transzendenten Orte der Natur für die Hinterbliebenen auch erscheinen, strahlen sie in ihrer Unendlichkeit doch eine große Sicherheit aus. Die Verstorbenen sind dort sicher und für ewig aufgehoben. Keine menschliche oder weltliche Bedrohung kann sie dort gefährden.

Zugleich sind die Orte in der Natur mit uns intensiv verbunden. Der Himmel wölbt sich über uns und ist uns sehr nahe, das Licht der Sterne dringt über die Netzhaut in unser Innerstes, die Erde, in der der Verstorbene ruht, trägt und nährt uns.

ÜBUNG

Mein Blick zu deinem Stern

In dieser Übung möchte ich Sie gerne einladen, in einer klaren Nacht unter den Sternenhimmel zu treten.

Nehmen Sie Ihre Trauer und Ihre Sehnsucht mit, wenn Sie nun in den dunklen Nachthimmel blicken. Lassen Sie die unendliche Tiefe und Weite des Weltalls auf sich wirken.

Dann entdecken Sie allmählich die vielen Lichtpunkte am Himmel – Sterne, unendlich viele Sterne, einzelne oder zu

Gruppen wie in der Milchstraße gebündelt. Sterne, die ruhig leuchten, Sterne, die blinken. Je länger Sie Ihre Augen auf die Suche gehen lassen, desto mehr Sterne werden Sie entdecken.

Wenn Sie möchten, können Sie sich vorstellen, dass Ihr verstorbener geliebter Mensch auf einem dieser Sterne wohnt, dass er dort seinen sicheren Ort gefunden hat. Wenn Sie möchten, können Sie einen Stern aussuchen, der Ihr Stern ist, auf dem Ihr geliebter Mensch wohnt. Unendlich weit weg ist dieser Stern – das spüren Sie in Ihrer Trauer –, aber doch sichtbar durch sein Licht. Das spüren Sie als Licht der Liebe in Ihrem Inneren, so, als leuchte in Ihnen dieser Stern, als ginge er in Ihrem Herzen auf, brennend, schmerzend vielleicht, aber doch ganz nahe in Ihnen.

Wenn Sie so die Sterne sehen und in Ihr Inneres hinein nehmen, dann spüren Sie vielleicht Ihre ganze Trauer, Ihre ganze Sehnsucht in Ihnen wie einen heißen Stern brennen. Lassen Sie die Gefühle zu, weil Sie Ihnen Ihren geliebten Menschen unauslöschlich in Ihr Herz brennen. Vielleicht aber spüren Sie auch ein wenig Trost, weil Sie wissen, dass Ihr geliebter Mensch für Sie wie ein Stern ist, ein Stern, der immer wieder in Ihnen selbst aufgeht, der nie vergeht oder sich verliert. Es ist Ihr Stern, auf dem Ihr geliebter Mensch wohnt – und es ist ein Stern in Ihrem Inneren.

Verabschieden Sie sich vom Nachthimmel und von dem Stern dort droben. Sie können das getrost tun, weil Sie die jetzige Erfahrung in Ihre Wohnung oder in Ihr Haus mitnehmen können und weil der Verstorbene wie ein Stern in Ihnen leuchtet.

Wenn Sie mögen, können Sie immer wieder unter den klaren Sternenhimmel treten, um sich an den Stern, auf dem Ihr geliebter Mensch wohnt, zu erinnern.

Symbolische Stellvertreter der Natur – Du kommst zu mir geflogen

So traurig, so entsetzt bin ich noch nie in einem Gottesdienst gewesen. Am Ende soll seine Beerdigung in zwei Tagen bekannt gegeben werden. Nein, das kann und darf nicht wahr sein. Da fällt mein Blick in den hohen Kirchenraum. Ein Pfauenauge fliegt dort oben flatternd im Licht der Morgensonne. Mein Sohn, es kann nur mein Sohn sein! Es ist verrückt, aber ich kann nichts anderes denken als dieses: Mein Sohn, er ist ganz nah. Die Worte der Predigt höre ich nur von ganz fern.

Noch Tage nach der Beerdigung … Auf dem Grab meines Sohnes leuchten die schönsten Sonnenblumen und Rosen. Und auf Ihnen Schmetterlinge. Wunderschöne Schmetterlinge, Pfauenaugen. Sie sind einfach da. Flatternd, lebendig. Hat mein Sohn sie geschickt? Zeigt sich in ihnen mein Sohn? Unsinn, denke ich. Und doch ist es so, als sei er da. Und tröstlich ist es. Wie können mich diese kleinen Insekten trösten? Und doch ist es so.

Und dann im nächsten Sommer: Sie sind wieder da, die Schmetterlinge. Und wieder spüre ich die Nähe meines Sohnes. Die Schmetterlinge sind für mich – ob ich es will oder nicht – seine Boten, aus seiner Welt.

Viele Trauernde finden ein Tier als Botschafter oder Verkörperung des Verstorbenen. Das kann ein Haustier sein, das den Verstorbenen noch gekannt hat. Der Trauernde beklagt vor dem Haustier seinen Schmerz oder redet mit ihm über den Verstorbenen und über gemeinsame Erfahrungen.

Sehr häufig aber stellen sich unversehens andere Tiere ein, die für den Verstorbenen stehen können. Eine Witwe berichtet, dass Amseln, die auf dem Friedhof im Unterholz sitzen und die abends in ihrem Garten singen, ihr den verstorbenen Ehemann nahe bringen. Im Lied der Amsel kann sie ihre Trauer und Sehnsucht, aber auch die Nähe zu ihrem Mann spüren.

Für andere sind bestimmte Pflanzen oder Bäume Zeichen und

Stellvertreter für den Verstorbenen. Oft ist es die Rose oder die Sonnenblume, die die Lieblingsblume des Verstorbenen war. In jeder dieser Blüten blüht der Verstorbene auf und zeigt sich so dem Hinterbliebenen. Eine andere Frau erzählt, dass sie immer wieder eine Trauerweide aufsucht und sich in deren niederhängenden Zweigen mit ihrem verstorbenen Mann trifft. In dem Raum, den die Zweige bilden, findet sie sich mit ihrem Mann. Die Trauerweide drückt ihre Trauer aus und bildet für sie zugleich den Begegnungsraum, in dem sie ihren Mann als ganz gegenwärtig erlebt.

Natürlich lassen sich solche Erfahrungen rasch entmythologisieren und rational erklären. Doch auch hier greift eine rationale Erklärung zu kurz. Die äußeren Stellvertreter in der Natur treffen auf eine innere Wirklichkeit im Trauernden. Der Vogel oder die Rose rufen im Unbewussten des Trauernden die archetypischen Symbole Vogel und Rose auf, die wiederum für den Verstorbenen stehen. Äußere Natur und inneres Seelenempfinden sind wie gegenüberliegende Spiegel, die sich ins Unendliche hinein wechselseitig spiegeln.

Ich möchte dies am Beispiel des Schmetterlings genauer zeigen. Schon in der griechischen und römischen Antike war der Schmetterling das Bild für die Psyche. In Kunstwerken erscheint Psyche, die Gestalt der Seele, mit Schmetterlingsflügeln.

Der Schmetterling ist ein uraltes Wandlungssymbol: Die Raupe löst sich im Kokon vollständig auf und wird in dessen unscheinbarer Gestalt auf unbegreifliche Weise in einen farbenprächtigen, geflügelten Schmetterling verwandelt. Wie der Falter den Kokon abstreift und hinter sich lässt, so streift die unsterbliche Seele den toten Körper ab und entflieht ihm. Elisabeth Kübler-Ross ist in ihren Gesprächen mit sterbenden Kindern ebenfalls auf dieses Symbol gestoßen. Bei ihren Besuchen in den Baracken von Konzentrationslagern entdeckt sie tief bewegt, dass Mütter und Kinder mit ihren Fingernägeln Schmetterlinge in die Wände eingeritzt haben. Die Schmetterlinge sind hier Hoffnungssymbole, mit denen Inhaftierte auf eine Wandlung und Befreiung auch im Tod hoffen. Elisabeth Kübler-Ross sieht im Schlüpfen des Falters aus dem Kokon die Sterbeerfahrung des Menschen abgebildet.

Für die Hinterbliebenen wird der Schmetterling zum Bild für das, was der Verstorbene hoffentlich erlebt hat, nämlich seine Wandlung im Sterben. Zugleich fühlt sich der Hinterbliebene von außen in einem eigenen inneren Prozess gespiegelt: Der Verstorbene ist in seiner körperlichen Realität entschwunden, aber nun in einer seelischen Gestalt in ihm präsent. In diesem Wandlungsprozess beim Hinterbliebenen verwandelt sich das konkret Leibliche des Verstorbenen in Seelisches; was äußere Realität war, wird zur inneren geistigen Realität. Warum sollte umgekehrt dies nicht auch mit dem Verstorbenen geschehen sein, also warum soll sich seine körperliche Realität nicht in eine geistig transzendente Realität wandeln können?

Diese analogen, sich wechselseitig spiegelnden Prozesse lassen eine Sicherheit im Hinterbliebenen entstehen, die ihn tröstet. Er »weiß«, dass das, was sich in ihm ereignet und was er im Natursymbol gespiegelt sieht, auch mit dem Verstorbenen selbst geschehen ist: Er ist nicht einfach nur verschwunden, sondern hat sich in seiner Seinsweise gewandelt und wurde in eine andere, jenseitige Seinsweise transformiert.

Andere Tiere wie z.B. Vögel ermöglichen dem Hinterbliebenen ähnliche Erfahrungen, weil sie ebenso wie Schmetterlinge uralte Bilder für die menschliche Seele sind.

Synchronizität als überraschende Begegnung – Ganz plötzlich leuchtest du mir auf

Auf der Beerdigung meines Sohnes wollte ich etwas für ihn tun. Deshalb habe ich es gewagt, eine kurze Rede zu halten. Ich wusste nicht, ob ich das durchstehen würde. Aber ich tat es. Ich zitierte dabei das Herbstgedicht von Rilke:

> *Die Blätter fallen, fallen wie von weit,*
> *als welkten in den Himmeln ferne Gärten;*
> *sie fallen mit verneinender Gebärde.*

Am anderen Morgen stand ich mit meiner Frau am frischen Grab unseres Sohnes. Ein herrlicher Herbsttag. Die Morgensonne ging hinter den hohen Bäumen auf. Plötzlich kam eine leichte Brise auf und wehte durch die herbstlichen Bäume. Der leichte Morgenwind wirbelte unendlich viele kleine Blätter durch die Luft, die in der Morgensonne glänzten. Wir standen wie in einem Goldregen aus gelb gefärbten Blättern, der zugleich wie Schnee auf uns fiel. Der Blätterregen schien uns vom weiten blauen Himmel geschickt worden zu sein. Es war unendlich traurig und doch sehr tröstlich. »Das Gedicht«, dachte ich, »natürlich, es ist das Gedicht von Rilke, das uns jetzt geschieht.« Erst jetzt ging mir auf, was dieses Gedicht, vor allem die beiden letzten Verse sagen wollen:

> *Und doch ist Einer, welcher dieses Fallen*
> *unendlich sanft in seinen Händen hält.*

Wir wussten beide, dass dieses Geschehen kein Zufall sein konnte. Zu dicht, zu nah waren die Bezüge des Gedichts und diese Erfahrung, zu nah lagen die Trauer um unseren Sohn und das Fallen der Blätter beieinander. Es war so, als ob auch die Bäume ihre Trauer ausdrücken wollten, als ob die Natur selbst trauerte. Und zugleich erlebten wir, wie die Blätter sanft vom Gras, von der Erde aufgefangen wurden. Wir konnten den leichten, zarten Windhauch nur als Botschaft unseres Sohnes verstehen, als Zeichen seiner Nähe, wie der Wind spürbar und doch unsichtbar.

Natürlich lassen sich solche und ähnliche Erfahrungen, die viele Hinterbliebene machen, als Zufall erklären und deuten. Carl Gustav Jung hat jedoch dieses Zusammenfallen von zwei oder mehreren unwahrscheinlichen Ereignissen als Synchronizität beschrieben (Seifert, 2001). Der, der dies erlebt, wird von dem Geschehen ganz unmittelbar und intuitiv berührt. Er wird überwältigt und kann das Geschehen nur als ein erstaunliches oder wunderbares Zeichen verstehen. Das Zusammenfallen solcher Ereignisse zeigt eine andere Ordnung und eine andere Bedeutungsebene, die hinter der Welt der natürlichen Ereignisse stehen. In den tieferen Schichten unserer Seele scheinen wir, anders als mit unserem Verstand, diese Zusammenhänge wahrzunehmen. Das synchrone Ereignis hat dann einen ganz eigenen Sinn, der ähnlich wie Träume etwas für das eigene Leben zu bedeuten hat.

Viele Hinterbliebene berichten immer wieder von solchen unwahrscheinlichen Zufällen – nach Jung als Synchronizitäten zu verstehen –, in denen sich ganz plötzlich und in ungeheuer dichten, bedeutungsvollen Momenten der Schleier der Wirklichkeit hebt. Die Synchronizität stößt den Hinterbliebenen so unmittelbar und aufdringlich auf den Verstorbenen, dass er überwältigt wird von dessen intensiver Präsenz. Dieser Augenblick scheint gefüllt und erfüllt von der Nähe des geliebten Menschen. Hinterbliebene erleben das wie eine ganz persönliche Offenbarung, in der der Verstorbene aus den Schleiern der faktischen Wirklichkeit heraus und auf sie zutritt. Der Verstorbene leuchtet in dieser so unwahrscheinlichen Konstellation von so genannten Zufällen den Hinterbliebenen wie eine fallende Sternschnuppe auf, die direkt ins Herz fällt, dort schmerzt, tröstet und dann verglüht.

Ich möchte Sie ermutigen, offen und sensibel für solche »Zufälle« zu werden und sich auf sie einzulassen. Dann werden sich

Ihnen solche Synchronizitäten unmittelbar erschließen und Sie werden entdecken, dass Ihr geliebter Mensch Ihnen unendlich viel näher ist, als Sie es vielleicht denken mögen. Sie werden entdecken, dass die andere Welt, in der Ihr geliebter Mensch existiert, sehr nahe an unsere Welt anschließt. Sie werden spüren: »Ja, es muss genau so sein und nicht anders, dass genau in diesem Moment diese Erfahrung, diese Erinnerung, dieses Ereignis mir gerade jetzt geschieht und mir genau in diesem Augenblick der Verstorbene mit seinem Bild vor Augen steht, im Herzen brennt oder mich berührt.«

Ich möchte Sie ermutigen, solche Erfahrungen einfach gelten zu lassen und anzunehmen. Es wäre schade, wenn Sie versuchen würden, sie sich hinterher zu erklären. Eine Synchronizität ist wie ein außergewöhnliches Geschenk, das Ihnen Ihr geliebter Mensch vor die Füße und in Ihr Herz legt. Sie würdigen dieses Geschenk am besten, indem Sie es annehmen und in Ihrem Herzen bewahren – eben weil es Ihnen wie eine Sternschnuppe vom weiten Himmel zufällt.

8 Leben mit der Transzendenz

*»Du gehst nie verloren,
weil du aufgehoben bist
im Unendlichen«*

Wirst du weiterleben in einer anderen Welt?

Wenige Monate nach dem Tod meines Sohnes erkrankt eine langjährige Kollegin an einem Hirntumor. Sie wird nur noch kurze Zeit leben. Ich besuche sie mehrmals. In unseren Gesprächen über das Sterben und den Tod entsteht eine Freundschaft.

Bei meinem letzten Besuch – uns beiden ist klar, dass es ein Abschiedsbesuch ist – reden wir lange, ob und was »da drüben auf der anderen Seite« sein wird.

Dann stehen wir auf. Wir umarmen uns zum letzten Mal. Dann bricht es plötzlich und völlig überraschend aus mir heraus: »Sag meinem Sohn unendlich liebe Grüße. Sag ihm, dass wir ihn unendlich lieben. Er soll es sich dort einfach gut gehen lassen.«

Verlegen schaue ich meine Kollegin an. Einen winzigen Augenblick denke ich: »Soll ich mich jetzt schämen?« Sofort bin ich mir sicher, dass das nicht nötig ist. Die Kollegin nickt mir zu.

In diesem Augenblick bricht in mir offensichtlich der uralte Gedanke durch, dass es eine andere Welt gibt, in der mein Sohn lebt. Ich hatte nicht gewusst, dass ich so »einfach« und so bildlich von der jenseitigen Welt der Toten denke. Wie viele komplizierte, rational abgesicherte Überlegungen hatte ich angestellt – aber in diesem Augenblick des Abschieds und damit des Übergangs meiner Kollegin über die Grenze in eine andere Welt war das alles weg. Aus fernster Tiefe, aus den so genannten archetypischen Schichten der Seele stieg das Urbild eines Weiterlebens der Toten in mir auf und drängte alle rationalen Überlegungen beiseite. Zugleich überflutete mich eine Welle des Trostes. Wenn das so ist, wie ich es ganz spontan erlebte, dann ist doch alles gut, dann ist mein Sohn nicht verloren.

Der Gedanke des Weiterlebens der Verstorbenen in einer Anderswelt durchzieht fast alle Kulturen. Es scheint ein Urwissen zu sein, das sich in unterschiedlichsten Formen über alle Völker dieser Erde von den afrikanischen Stämmen zu den polynesischen Völkern des Pazifiks, von Sibirien und der Mongolei mit ihren schamanischen Traditionen, über Indien bis nach Japan, vom alten Ägypten und Griechenland bis hin zu den Inuit des Nordens zeigt und abbildet.

Für das moderne westliche Denken seit der Aufklärung ist das freilich kein Beleg für die Wirklichkeit dieser Welt. Im Gegenteil: In der Religionskritik von Feuerbach, Marx und Freud wird dieses Wissen als eine Projektion der trauernden Seele gedeutet. Umgekehrt lässt sich aber auch diese Sicht letztlich nicht beweisen, bleibt sie doch in den engen Kategorien eines mechanistischen Denkens und einer oberflächlichen Psychologie. Carl Gustav Jung und seine Nachfolger (Hark, 1995) haben dagegen herausgearbeitet, dass in der archetypischen Tiefenschicht unserer Seele Urbilder einer jenseitigen Welt der Toten verankert sind.

Mir geht es hier nicht um Beweis oder Gegenbeweis. Für mich und viele andere Trauernde ist allein wichtig, was hilft, eine innere Beziehung zum Verstorbenen zu bewahren.

Erlauben Sie sich alle spontanen Gedanken über das Weiterleben ihres geliebten Menschen. Nehmen Sie diese Bilder als Geschenk aus den Tiefenschichten Ihrer Seele.

Wenn Sie möchten, können Sie sie einfach wirken lassen – Sie müssen sich nicht kritisch hinterfragen oder vor anderen rechtfertigen. Ihre Seele weiß, was sie in ihrer Trauer braucht, und sie stellt Ihnen archetypische Bilder zur Verfügung, die Sie mit trauernden Menschen seit Urzeiten verbinden.

Über alle Grenzen hinaus

Die bisher besprochenen sicheren Orte, an denen unsere Beziehung zum Verstorbenen gelebt werden kann, waren innerweltliche Orte wie das Grab, das Zimmer des Verstorbenen, die Erinnerung und die Orte in der Natur. Die Symbole der Natur verweisen aber schon auf eine andere Welt, die jenseits der Grenze unserer Wirklichkeit liegt. Jeder Trauernde erfährt unerbittlich die Mauer, die ihn von seinem geliebten Menschen trennt. Der Tod ist eine Grenze, an die der Trauernde immer wieder schmerzhaft stößt. Und zugleich lässt sich bei jeder Grenze fragen, was dahinter liegt. Gibt es oder muss es nicht hinter der Grenze, die unsere Welt umgibt, eine andere Welt geben? Wer trauert und dabei alle Fragen zulässt, die in ihm aufsteigen, kommt unwillkürlich an der Frage nach einer Welt jenseits der Grenze des Todes.

Natürlich gibt es auch hier keine beweisbaren Tatsachen. Mancher Trauernde wird sich keine andere Welt des Weiterlebens vorstellen können. Dies mag in rationalen Überlegungen oder in der tiefen Enttäuschung, vielleicht auch Wut über den Tod des geliebten Menschen begründet sein. Auch diese Entscheidung ist zutiefst verständlich und von daher so in Ordnung. Vielleicht kann sie sich eines Tages verändern. Bis dahin bleibt als Begegnungsort mit dem Verstorbenen vor allem die Erinnerung.

Andere Trauernde werden sich nicht damit abfinden und deshalb über diese Grenzen hinaus schauen wollen. Schauen verstehe ich hier als visionäres Sehen in Übereinstimmung mit den archetypischen Bildern, die alle Kulturen und Weltreligionen zur Verfügung stellen. Wer sich auf diese Bilder, oft auch auf eigene Träume einlassen kann, der schaut über die Begrenzungen unserer Welt hinaus. In vielen Trauernden entsteht unwillkürlich eine Ahnung von einer ganz anderen Welt. Sie ahnen, dass es andere Räume und andere Wirklichkeiten gibt als unsere begrenzte Welt der Lebenden und deren Realität.

Und viele Trauernde werden gerade durch die Erfahrung der Todesgrenze zu Glaubenden. Sie glauben über die Grenze hinaus. Sie können sich auf ein intuitiv entstehendes Vertrauen einlassen, dass mit dem Tod nicht alles aus ist. Sie wissen mit dem Herzen, dass der Tod nicht das letzte Wort hat, sondern dass Gott mit seiner Liebe den Tod überwindet.

Ich möchte Sie zu einer Imagination einladen, in der Sie den weiten Blick über Grenzen hinaus einüben können:

ÜBUNG

Imagination über die Grenzen hinaus

Ich möchte Sie einladen, einen Berg zu besteigen. Stellen Sie sich vor, es ist Abend, kurz vor Sonnenuntergang. Schritt für Schritt steigen Sie auf den Berg, der sich vor Ihrem inneren Auge erhebt. Je weiter Sie nach oben steigen, desto weiter reicht Ihr Blick über das weite Land oder das Meer, das im Westen vor Ihnen liegt. Mit jedem Schritt nach oben dehnt sich dieses Land oder Meer aus, wird weiter, wird ferner, verliert sich in der Ferne. Sie ahnen die unendliche Weite, die immer größer wird. Die Grenze des Horizontes verschmilzt mit dem Licht der untergehenden Sonne.

Oben angekommen, lassen Sie sich ganz auf die Weite ein. Sie verschmelzen mit ihr. Sie spüren die Grenzenlosigkeit, sind eins mit ihr. Sie nehmen wahr, wie transparent jede scheinbare Grenze ist. Sie wissen: Hinter der Grenze des Horizontes öffnet sich wieder ein neuer Horizont, dahinter wieder und immer wieder. Und dann noch einmal ein Horizont und noch einmal ein Horizont, bis ins Unendliche hinein. Sie nehmen diese Unendlichkeit in Ihr Inneres hinein. Vielleicht schließen Sie die Augen und lassen die Grenzenlosigkeit wirken. Vielleicht ahnen Sie, dass sich irgendwo hinter dieser Unendlichkeit ein neues Land, ein neuer Raum, eine andere Welt eröffnet. Nicht sichtbar, nicht greifbar, und doch vorstellbar: hinter der Unendlichkeit immer neuer Horizonte. Während Sie auf der Bergspitze mit geschlossenen Augen der Endlosigkeit nachspüren, fällt das milde Licht der untergehenden Sonne auf Ihr Gesicht und wärmt Sie.

Dann öffnen Sie allmählich Ihre Augen, nehmen Abschied

von der Erfahrung der unendlichen Weite. Sie spüren die Begrenztheit Ihres eigenen Leibes. Sie bewegen und räkeln sich und sind ganz zurückkehrt in den von Ihrer Haut begrenzten Körper.

Urbilder für transzendente sichere Orte

Wie unterschiedlich die Bilder und Überlieferungen von der »anderen Welt« der Verstorbenen im Einzelnen auch sind: Immer beschreiben sie diese Welt als einen Ort, an dem der Verstorbene in einer anderen und neuen Weise weiterleben kann. Dabei sind die Verstorbenen sicher geborgen und gehalten. Es sind sichere Orte, wie wir sie auch aus der Therapie von traumatisierten Menschen kennen (vergleiche Kapitel 3).

Im Rahmen dieses Buches lassen sich nun nicht alle unterschiedlichen Bilder für diese universalen sicheren Orte darstellen. Ich möchte deshalb die wesentlichen Grundstrukturen dieser sicheren Orte herausarbeiten und beschreiben. Sie können dann für sich spürend prüfen, welche dieser Grundbilder Sie ansprechen, welche Sie anrühren. Sie werden entdecken, dass nicht Sie die Bilder wählen, sondern dass diese Urbilder in Ihnen bereitliegen. Wenn Sie so wollen, werden Sie von den Bildern gewählt. Sie selbst werden dabei sicher in Ihrem Wissen, dass Ihr geliebter Mensch weiterlebt, dass er geborgen ist und dass es keine Macht gibt, die die liebende Bindung zu Ihrem geliebten Menschen trennen kann.

Diese Bilder selbst werden zum Raum, in dem beide – Sie und der Verstorbene – gehalten werden. Umgekehrt lässt sich diese ganz andere Wirklichkeit nur in Bildern andeutungsweise erahnen. Deshalb habe ich für jeden der folgenden Abschnitte ein Gedicht oder ein Dichterwort ausgewählt, das uns das Gemeinte als verdichtetes Bild vor Augen und in die Seele malen will.

– Im Himmel und Paradies
  Der Verstorbene lebt in einer anderen, transzendenten Welt. Er hat einen Ort gefunden, an dem er angekommen ist und für immer sein darf. Trauernde brauchen dafür keine nähere Beschreibung. Es genügt zu wissen, dass es diese andere Welt gibt.
  Eine wunderschöne und tröstliche Beschreibung dieses Ortes ist für mich das Wort von Wintu-Indianern aus Kalifornien:

Dort oben werden wir gehen, du und ich;
die Milchstraße entlang werden wir gehen, du und ich;
auf dem Blumenpfad werden wir gehen, du und ich;
wir werden Blumen pflücken auf unserem Weg, du und ich.

– In Gottes Hand
Der Verstorbene lebt in der Gemeinschaft mit einem unendlich Größeren, mit Gott oder auch in Christus. Der tiefe Fall des Todes verliert sich nicht in einer Untiefe ohne Grund, vielmehr fallen die Sterbenden in die Hand Gottes. In Gott kehren die Verstorbenen wie in ihre Heimat zurück, in ihm sind sie für immer geborgen und gehalten. In Gottes Schoß sind sie unendlich sicher. Nichts kann sie trennen von der Liebe Gottes und einem ewigen Frieden, in dem der Verstorbene zur ewigen Ruhe kommt. Diese Gewissheit drückt für mich am tröstlichsten Rainer Maria Rilke aus:

Herbst

Die Blätter fallen, fallen wie von weit,
als welkten in den Himmeln ferne Gärten;
sie fallen mit verneinender Gebärde.

Und in den Nächten fällt die schwere Erde
aus allen Sternen in die Einsamkeit.

Wir alle fallen. Diese Hand da fällt.
Und sieh dir andre an: Es ist in allen.

Und doch ist Einer, welcher dieses Fallen
unendlich sanft in seinen Händen hält.

– Im ewigen Licht
Die Verstorbenen gehen in ein ewiges Licht ein. Das ist nicht nur ein uraltes Bild aus verschiedensten Traditionen vom alten Ägypten über das tibetanische Totenbuch bis hin zum christlichen Glauben, sondern auch ein bekanntes Bild aus Nahtod-Erfahrungen. Das Licht der Ewigkeit nimmt die Verstorbenen auf und wandelt sie. Das Licht steht für die Ewigkeit, in der die Verstorbenen weiterleben, und für die unendliche Liebe, in der

die Verstorbenen geheilt und ganz gemacht werden. In Psalm 36, 10 heißt es: »In deinem Lichte sehen wir das Licht.« Arthur Schopenhauer drückt diese Gewissheit, dass die Verstorbenen im Licht stehen, so aus:

Ich glaube,
dass, wenn der Tod unsere Augen schließt,
wir in einem Lichte stehen,
von welchem unser Sonnenlicht
nur ein Schatten ist.

– In der Allwirklichkeit
Aus dem mystischen und östlichen Denken kommt das Bild, dass unser Ich und Bewusstsein im Sterben in eine allumfassende Wirklichkeit zurückkehrt wie die Welle in das Meer. Der Verstorbene und sein Ich werden Teil des großen Ganzen, das als letzter Urgrund, als universeller Geist, als Atman oder Brahman, als Tao oder als die Leerheit des Nirwana verstanden wird. In diesem Zustand gibt es keine Dualität mehr, nur noch das Eine. Es lässt sich in diesem Denken auch nicht sagen, was mit dem Ich des Einzelnen geschieht. Es ist nun Teil des Ganzen und als solches gewürdigt und bleibt – wenn auch nicht mehr in den Kategorien von Subjekt und Objekt – erhalten.
Für Trauernde kann diese Sicht in einem sehr umfassenden Sinn tröstlich sein, weil der Verstorbene im großen Ganzen aufgehoben und präsent ist. Die Meditation ist hier der Weg, dieser Wirklichkeit und damit dem Verstorbenen nahe zu sein. Dieses Eintauchen und Aufgehen in den Grund des Seins beschreibt Rose Ausländer:

Letzte Wiederkehr
ins Nichts
Weltreise
nach der
ich mich sehnte

Die Erde
tanzt um mich
libellengleich

Mit ihr
als Sternenherz
verglühn

Jeder Trauernde wird für sich die Frage nach dem Verbleiben, dem Weiterleben und einer transzendenten Existenz seines geliebten Menschen beantworten müssen. Trauernde wissen, dass sie das für sich, aber auch für den Verstorbenen tun »müssen«. Diese Aufgabe drängt sich ihnen immer wieder auf. Trauerarbeit – und das wurde in der bisherigen Trauerpsychologie kaum benannt – ist die intensive, Kräfte kostende Suche nach einem sicheren Ort für den Verstorbenen. Trauernde durchschreiten dabei in ihrem Suchen die ganze Welt bis in tiefste Tiefen und höchste Höhen und erleben dabei Hölle und Himmel, bis ihnen ein Bild, ein Gedanke, eine Verszeile einleuchtet. Oft ist es eine lange, manchmal auch eine verzweifelte Suche. Dieses aktive Suchen, das Fragen und heftige, manchmal zwanghafte Denken, das Lesen und Diskutieren mit anderen, muss alle Möglichkeiten, alle Grenzen, alle Höhen und Tiefen ausloten. Dennoch ist das Finden des sicheren Ortes fast immer ein Geschenk, das sich nach langer Suche unvermutet plötzlich zeigt oder sich langsam aus dem Dunkeln herauskristallisiert und entwickelt.

Die folgende Übung möchte Ihre Suche unterstützen und Sie einladen, den Bildern Ihrer Seele zu trauen und zu folgen. Für manche mag die folgende Übung zu intensiv werden oder zurzeit nicht stimmen. Dann lesen Sie den Text wie ein Märchen oder einen Mythos. Auch so wird Sie die Übung in Ihrem ganz eigenen Suchprozess unterstützen. Sicherlich nicht schnell und direkt, sondern über den Umweg Ihres Unbewussten.

ÜBUNG

Imagination – Begegnung im Licht

Ich möchte Sie einladen an einen Ort des Lichtes. Bitten Sie Ihr Unbewusstes, ein Bild dieses Ortes aufsteigen zu lassen: eine lichtdurchflutete Oase, ein lichter Berggipfel in der goldenen Abendsonne, ein goldenes, lichtes Schloss, vielleicht auch ein sonnendurchfluteter unendlicher Saal, vielleicht der hohe, helle Raum einer Barockkirche. Es ist ein Ort heilenden Lichtes, ein Ort allumfassender, alles durchfließender Liebe. In goldenes und warmes Licht ist dieser transzendente Ort getaucht.

Noch liegt dieser Lichtort in der Ferne. Langsam, Schritt für Schritt gehen Sie auf diesen Lichtort zu. Schon jetzt spüren Sie die Wärme, das Heilende, das von diesem Ort ausgeht. Sie werden angezogen von diesem Ort. Es ist ein unendlich leichter, transparenter Ort. Auch Sie spüren Leichtigkeit. Es ist, als ob Sie dorthin fliegen würden, leicht und getragen von der Lichtbahn, die von dort herkommt.

Sie gelangen an die Schwelle des Lichtschlosses, der Lichtoase, des Lichtes auf dem Berg, zu Ihrem Lichtort. Sie werden durchflutet vom Licht, in hellen Glanz sind Sie getaucht. Sie selbst leuchten.

Jetzt entdecken Sie, dass dieses besondere Leuchten von vorn auf Sie zukommt. Dort sehen Sie im Licht das Bild Ihres Verstorbenen, ganz in den Glanz der Liebe getaucht. Jetzt nehmen Sie wahr, dass er sich bewegt, gekleidet in einen Lichtmantel der Liebe.

Wenn Sie mögen, können Sie sich begegnen. Sie berühren sich behutsam. Sie umarmen sich in einem goldenen Lichtkegel der Liebe, so zärtlich, wie sich zwei Lichtstrahlen durchdringen, spürbar und doch nicht spürbar. Liebe ist es, was Sie in diesem Zusammenfluten des Lichtes spüren. Jetzt wissen Sie, dass Ihr geliebter Mensch hier im Licht so gut wie sonst an keinem Ort aufgehoben ist. Sie wissen, dass er dort auf seine Weise ist und lebt. Sie wissen: Für Ihren geliebten Menschen ist gut gesorgt. Er ist am heilenden Ort der Liebe, im Licht der Ewigkeit, an dem Ort, an den auch Sie in nicht zu ferner Zeit gerufen werden. Und Sie wissen, dass Sie dann gerne zu diesem Lichtort kommen werden.

Jetzt ist es an der Zeit, Abschied zu nehmen, Ihren ins Licht getauchten geliebten Menschen loszulassen. Sie lösen die Verbindung im Licht, gehen Schritt für Schritt rückwärts. Sie winken sich beide im Licht zu, langsam und bewusst. Ihr geliebter Mensch bleibt in diesem Lichtort.

Während Sie sich umwenden, langsam hierher zurückkehren, wird das Licht schwächer, aber Sie haben ein kleines Licht in Ihrem Herzen mitgenommen. Ein Licht, das bei der Umarmung in Sie eingeflossen war. Das bleibt Ihnen als Erinnerungszeichen an die liebende Umarmung in dem Lichtort, an dem Ihr geliebter Mensch im Licht der Liebe und der Ewigkeit, der Gnade und des Heils sein darf.

Vielleicht spüren oder ahnen Sie mit dieser Übung, wie gut es tut, den geliebten Menschen an einem sicheren transzendenten Ort zu wissen. Wer sich darauf einlassen kann, kann den Verstorbenen nun auch loslassen, denn er weiß nun, *wohin* er ihn loslässt. Nun ist das Loslassen des Hinterbliebenen kein *Los*lassen ins Nichts, sondern ein *Dort*lassen an einem ewig sicheren Ort.

Das ist der tiefste und eigentliche Sinn von sicheren Orten für den Verstorbenen. Dies können konkrete Orte, Orte in der Natur, in der eigenen Seele oder aber – für viele die sichersten – Orte in der Transzendenz sein. Wichtig ist, dass es wirklich sichere Orte sind, an denen der Hinterbliebene seinen geliebten Menschen lassen kann. In einem so verstandenen und erlebten Loslassen droht auch nicht der Verlust des geliebten Menschen. Im Gegenteil: Weil der geliebte Mensch an diesem transzendenten Ort geborgen und lebendig ist, ist immer eine innere Verbindung zu ihm möglich. Für die archetypischen Schichten der Seele ist die Entfernung zu transzendenten Orten unendlich klein, genauer gesagt: sie liegen jenseitig, unendlich entfernt und zugleich mitten im Zentrum der Seele.

9 Leben mit dem inneren Begleiter

»Weil ich dich liebe, lebst du in meinem Herzen«

Dein Platz ist in mir

Wann endlich träume ich von dir? Ich sehne mich danach, dir in meinen Träumen zu begegnen. Ich schwanke zwischen Enttäuschung und Ungeduld. Ich weiß auch von anderen, dass Träume vom Verstorbenen lange auf sich warten lassen können. Mir wäre es so wichtig. Dann würde ich wissen, dass du in der Tiefe meiner Seele weiterlebst.

Dann endlich ist es soweit. Nur ein kurzes, aber ungeheuer dichtes und tröstliches Traumbild: Ich umarme meinen Sohn, ganz nahe. Unsere Köpfe liegen eng aneinander. Wie nah. Wie sehr ich meinen Sohn drücke. Dann sage ich: »Komm, lass uns gemeinsam lernen.«

Das Aufwachen ist zunächst schlimm. Mein Sohn ist wieder weg. Aber ich weiß auch, dass er zutiefst in mir ist. Und der Traum sagt mir, dass ich und mein Sohn nach seinem Tod ungeheuer viel lernen müssen. Wir müssen lernen, uns in neuer Weise zu begegnen, in neuer Weise zu lieben.

Der Trauernde erlebt sehr schmerzhaft, dass der Verstorbene eine große Leerstelle im Alltag hinterlässt: Er wird nie mehr die Haustür aufschließen, wird nicht mehr mit am Tisch sitzen und wird mich nicht mehr umarmen. Auf solche Erfahrungen müssen Trauernde verzichten und auf dieser realen Ebene Abschied davon nehmen.

Darüber hinaus erleben viele Trauernde dann einen zweiten, unendlich großen Schmerz. Der Verstorbene scheint aus mir herausgerissen, er fehlt in meinem Herzen und hinterlässt in meiner Seele eine große Leere. Es ist, als ob ein wesentlicher Teil von mir selbst, eine ganze Hälfte von mir fortgegangen und ausgerissen sei. Dieser zentrale Schmerz der Trauer darf nicht übergangen werden. Im Gegenteil: Wir müssen die Leerstelle, die der Weggegangene in der eigenen Seele hinterlässt, aushalten und offen halten. Es ist ungeheuer schwer, das Fehlen, das Nicht-mehr-Sein – wir gehen nicht zu weit, wenn wir sagen das Nichts mitten in uns aushalten zu müssen. Der geliebte Mensch scheint uns auch noch im eigenen Innersten verloren zu sein. Die Angst ist groß, dass das für immer so bleiben wird.

Doch in den unbewussten Schichten unserer Seele ist der geliebte Mensch sehr tief und damit sehr sicher verankert. Die Sehnsucht ist, wie wir in Kapitel 2 gesehen haben, die wichtigste Kraft, den Verstorbenen zu suchen. Diese Suche beginnt zunächst fast immer im Äußeren: Wir entdecken und sehen den Verstorbenen überall. Schon näher an uns selbst rückt das »Ständig-an-ihn-Denken«. Es ist oft zwanghaft, fragend und kreist fortwährend um den Verstorbenen. Trauernde erleben das noch nicht als Begegnung mit dem Gegenüber des geliebten Menschen, denn noch steht sein Fehlen im Mittelpunkt. Weder die Suche im Äußeren noch das quälende Fragen bringen uns den geliebten Menschen wirklich näher. Dennoch ist diese Phase des Suchens und Fragens wichtig, damit wir für die Suchbewegung in uns selbst offen und bereit werden.

So werden wir ganz allmählich und von unserem Unbewussten behutsam, aber sicher in unserem Suchen von außen nach innen geleitet. Es scheint so etwas wie ein psychisches Gesetz in der inneren Beziehungsarbeit von Hinterbliebenen zu sein: Was im Äußeren nicht gefunden werden kann, wird im Inneren gesucht und schließlich gefunden. Eine Frau, die ihren Sohn verloren hat, sagt: »Ich gehe immer wieder in mich hinein und suche meinen Sohn.« Unsere bewusste Suchbewegung beginnt also im Äußeren und wendet sich dann dem Inneren, den eigenen Tiefenräumen unserer Seele zu.

Zu dieser Suchbewegung kommt ein zweiter, dem entgegenlaufender Prozess: Der Verstorbene taucht in der Seele auf, er scheint *mich* zu suchen und *mir* begegnen zu wollen. Sehr deutlich und stark wird das in den Träumen erlebt. Deshalb war bei mir – und bei vielen anderen – der Wunsch nach einem Traum vom geliebten Menschen so stark. Im Traum wird der Verstorbene ganz intensiv, ganz lebendig und als eigenständig handelnde Person erlebt, die mich aufsucht und im Traum zu mir kommt.

Für die meisten Hinterbliebenen ist das eine ungeheuer tröstliche Erfahrung: Der Verstorbene kommt im Traum zu mir und sucht mich. Ich muss dazu nicht viel tun, sondern der Verstorbene scheint von sich aus aktiv zu werden, um mir zu begegnen.

Hier wird ein anderes psychisches Gesetz in der inneren Arbeit von Hinterbliebenen wirksam. Es passt komplementär zum vorher genannten Gesetz: Was im Innersten und im Tiefsten verankert ist, will nach oben und sich zeigen. Einschränkend muss hinzugefügt werden: Dies geschieht nur, wenn wir es von unserem bewussten Ich her erlauben und bereit sind, dies wahrzunehmen.

In diesem doppelseitigen Prozess des nach innen Suchens und des nach oben Aufsteigens wird unsere Seele zum Raum der Begegnung mit dem Verstorbenen. Damit wird die Seele selbst zu einem der sichersten Orte für den Verstorbenen. Dies können auch Hinterbliebene erfahren, die keinen spirituellen oder religiösen Zugang zu der Anderswelt der Verstorbenen haben.

Sie können darauf vertrauen, dass die Person des Verstorbenen tief und sicher in Ihrer Seele gehalten ist. Wenn Sie sich auf Ihre Suchprozesse einlassen, werden Sie umgekehrt die Erfahrung machen, dass der Verstorbene Sie aus der Tiefe Ihrer Seele aufsuchen wird.

Sie selbst und Ihre Seele werden zum Raum, in dem Sie dem Verstorbenen begegnen können.

Du bleibst in mir immer lebendig

Eine junge Frau träumt nach dem Tod ihrer für sie sehr wichtigen Tante Folgendes:

»Ich bin auf einem südländischen Friedhof. Dort sind die Toten in Urnenwänden bestattet. Ich ziehe die Urne meiner Tante heraus. Es ist ihr Sarg, in dem meine Tante liegt. Dann springt sie auf und tanzt auf dem Friedhof. Das kann doch nicht sein. Sie ist doch tot, denke ich. Ich rufe den Arzt. Auch der Arzt sagt, dass sie tot sei. Er kann bei ihr keinen Pulsschlag mehr feststellen. Ich wache auf, bin sehr erleichtert und bin mir trotz der Aussage des Arztes ganz sicher, dass meine Tante lebt.«

Die Träumerin ist zunächst verwirrt, weil sogar der Arzt feststellt, dass die lebendige Tante eigentlich tot sein müsste. In den tiefsten Schichten unseres Unbewussten – so zeigen auch viele andere Träume – ist es gleichgültig, ob jemand real tot oder lebendig ist. Tod und Leben scheinen austauschbar zu sein. Der real tote Mensch »lebt« im Unbewussten, während manche Menschen, die zwar noch leben, aber mir nichts mehr bedeuten, in Träumen als »tot« erscheinen.

Der archetypische Bereich der Seele, in dem auch die Überlieferungen über das Weiterleben des Menschen verankert sind, ist nicht an die raum-zeitlichen Grenzen und Begrenzungen unserer Ratio gebunden. Auch die Unterscheidung und Grenzziehung zwischen Tod und Leben gilt dort nicht mehr. Tod ist hier nicht mehr letzte Grenze, sondern nur die Gestalt, die alles wandelt, nämlich von der diesseitigen Existenz in eine innere, psychische Existenz, in der der Verstorbene nicht sterben kann und weiterlebt. Alles, was in der archetypischen Schicht der Seele vorkommt, ist gültig, ist bedeutend und »lebt« deshalb. Geliebte Menschen, die unserer Seele bis in den tiefsten Grund hinab wichtig sind, leben in uns. Für sie gibt es auf der tieferen Ebene unserer Seele kein Sterben.

Das zeigt auch ein Traum einer 45-jährigen Frau, die vor vier Jahren ihren Vater verloren hatte: »Ich bin mit meinem Vater in einem Bus auf einer Reise. Plötzlich hat der Bus einen Unfall, dabei kommt mein Vater um. Das ist sehr schlimm und traurig für mich. Erstaunt stelle ich aber nun fest, dass der Bus nach dem Unfall weiterfährt – und auch mein Vater fährt mit. Er lebt, sitzt aber schweigend und ganz still in sich gekehrt im Bussessel. Ich spüre, wie er mit mir die Busfahrt durch Schweden genießt. Er freut sich mit mir an den vielen Vögeln draußen in der Landschaft. Beruhigt und getröstet wache ich auf.«

Die Psyche der Träumerin weiß sehr wohl, dass ihr Vater real gestorben ist. Der Busunfall im Traum zeigt der Träumerin sehr drastisch, dass ihr Vater wirklich tot ist und dass sie auf der Ebene der Realität um ihn trauert. Im psychischen Beziehungsraum – dafür stehen der Bus und die gemeinsame Weiterfahrt – leben ihr Vater und die Beziehung zu ihm weiter. Er wird zum stillen, aber teilnehmenden Reisebegleiter durch das weitere Leben dieser Frau.

In den tieferen Schichten unserer Seele ist kein Abschied nötig. Im Gegenteil: Hier ist Kontaktaufnahme, Beziehung und Liebe zum geliebten Menschen möglich, weil er in der Seele weiterlebt. Wenn Hinterbliebene dieser Realität in den tiefsten Schichten ihres Unbewussten vertrauen, wird der geliebte Mensch immer wieder als Gegenüber lebendig.

Du bist mein inneres Gegenüber

Der Verstorbene ist wie alle von uns geliebten Menschen in dreifacher Weise in uns verankert. Dies erklärt auch, warum er uns in seiner Person und in seinem Wesen trotz der äußeren Trennung nicht verloren gehen kann. Zunächst sind die Bilder, Erinnerungen, Körper- und Charaktererscheinungen als so genannte Objektrepräsentanz – wie es die Objektbeziehungstheorie der Psychoanalyse ausdrückt – gespeichert. Das Gegenüber wird zunächst als äußeres »Objekt« in all seinen Erscheinungen gesehen und in uns durch abrufbare Bilder abgespeichert.

Weil wir den Verstorbenen sehr geliebt haben, ist er so sehr zu einem Teil von uns selbst geworden, dass man von einem Selbstobjekt spricht. Der geliebte Mensch ist so sehr zu einem Aspekt und einer Seite von uns geworden, dass er einen Teil unsere Identität ausmacht.

Und schließlich sind die Beziehungserfahrungen mit dem Verstorbenen, die Gespräche, Umarmungen, Konflikte und jeglicher andere Austausch mit ihm in uns als Anteil gespeichert. Man spricht von Beziehungsrepräsentanzen.

Solange dieser Mensch lebt, bleiben diese Anteile, also diese Repräsentanzen und Bilder meist im Unbewussten, da sie von den alltäglichen und sich ständig wiederholenden Beziehungserfahrungen überdeckt werden. Wir müssen sie auch nicht aktivieren, da wir den Angehörigen immer wieder erleben und mit ihm gemeinsame Erfahrungen machen. Im Trauerfall aber suchen wir die Bilder und Repräsentanzen als Spuren des Verstorbenen in uns, und zugleich kommen sie in unserem Bewusstsein an die Oberfläche. Dabei fließen die verschiedenen Repräsentanzen so zusammen, dass der Verstorbene in uns wie eine reale Person und als ein konkretes Du erlebt wird. Er wird zu einem inneren Gegenüber, das wir als Bild, als Gefühl, als Körperwahrnehmung sehr realistisch erleben. Wie schon gesagt, ist dies exemplarisch und besonders stark in den Träumen zu erleben. Sie scheinen unserer Seele auch zu helfen, dass sich aus den psychologischen Repräsentanzen ein erlebbares Gegenüber und Du herausbildet.

Wir erleben das Du des Verstorbenen in folgenden Aspekten sehr konkret als:

- Gesprächspartner
  Es ist ganz normal, dass Hinterbliebene mit ihren verstorbenen Angehörigen reden. Der Verstorbenen wird hier im Gespräch, der Urform menschlicher Begegnung, zu einem Gegenüber. Die Anrede an den Verstorbenen »erweckt« ihn zu einem Du, zu einer Person im eigenen Seelenraum. Diesem Du kann der Hinterbliebene alles berichten, erzählen und mitteilen. Das kann vor dem Bild des Verstorbenen sein, am Grab oder in einem inneren Dialog. Das kann zunächst laut ausgesprochen werden, vielleicht nur murmelnd. Nach einiger Zeit wird es ein leises, inneres Gespräch. Viele Trauernde schreiben dem Verstorbenen Briefe, die sie auf das Grab legen; andere schreiben Tagebuch, in dem sie den Verstorbenen direkt ansprechen. Ich möchte Sie ermutigen, dieses Gespräch in den genannten verschiedenen Formen ohne falsche Scheu und Scham zu suchen, auch wenn dies in Filmen oder Witzen manchmal belächelt wird.
  Manchmal wird das Du des Verstorbenen direkt antworten, einen Kommentar abgeben, manchmal stellt sich die Antwort erst in den folgenden Tagen als gespürtes Wissen ein. Die Anrede an den Verstorbenen wird so zu einem tröstlichen Dialog mit dem geliebten Menschen.

- Helfer und Berater
  Viele Hinterbliebene fragen sich, wie der Verstorben über dieses oder jenes Problem gedacht hätte, wie hätte er entschieden oder was hätte er mir geraten. Der Verstorbene wird oft ganz bewusst als Ratgeber herangezogen und um seine Meinung und seinen Rat gefragt. Der Hinterbliebene weiß dann sehr oft intuitiv die Antwort, die vom Verstorbenen gekommen wäre. Ihm wird klar, was jetzt zu tun ist und womit der geliebte Mensch einverstanden ist. Der Hinterbliebene verantwortet dann seine Entscheidungen und sein Tun vor dem Verstorbenen. Dieser wird zu einem inneren Berater, zu einem dritten Auge, zu einer inneren helfenden Stimme.

– Begleiter
  Viele Hinterbliebene nehmen den Verstorbenen in ganz unterschiedliche Lebenssituationen mit hinein. Er wird zum Begleiter in schwierigen Situationen, die es zu bewältigen gilt. Manche Hinterbliebene berichten, wie der Verstorbene sie auf einer schönen Reise begleitet und wie sie in inneren Gesprächen Reiseerfahrungen mit ihm teilen können.
  Eltern nehmen in ihrer Vorstellung ihre verstorbenen Kinder oft an die Hand und zeigen ihnen, was sie real nicht mehr erleben können. Sie führen so ihre Elternschaft weiter, schenken ihrem Kind auch zukünftig Lebenserfahrungen. Dabei sehen sie umgekehrt die Welt weiterhin immer auch mit den Augen ihres Kindes.

– Engel
  Die bisher beschriebenen Aspekte, in denen der Verstorbene als Gegenüber in der Seele des Hinterbliebenen auftaucht, gewinnen bei manchen die Qualität eines transzendenten Wesens. Es ist deshalb nicht zuviel gesagt, wenn Hinterbliebene dieses wie einen Engel oder wie eine sie führende Kraft oder Energie erleben. Eine junge Frau, die ihren Vater verloren hatte und seine Firma weiterführen musste, berichtet, dass sie ihren Vater wie einen Schutzengel neben sich fühlt. Eine verwaiste Mutter berichtet: »Als wir nach langer Suche endlich ein schönes Haus für uns fanden, wusste ich spontan, dass uns das unsere verstorbene Tochter gezeigt und zugespielt hatte.«
  Der Verstorbene wird meist nach längerer Zeit zu beidem, zu einer inneren Kraftquelle und zu einem wirkmächtigen Wesen mit den individuellen Züge des Verstorbenen. Dieser transzendente Begleiter ist so selbstverständlich im eigenen Seelenraum anwesend, dass er ganz sicher und ständig als präsent erlebt wird, manchmal sehr direkt als dialogbereites Du, manchmal eher im Hintergrund als stärkende Energie.

Können sich Hinterbliebene auf die beschriebenen innerpsychischen Prozesse einlassen und den Dialog mit dem Verstorbenen pflegen, wird die eigene Seele zu einem sicheren Ort für den Verstorbenen. Der Zugang zum Verstorbenen liegt oft ganz nahe, zum Beispiel indem ich halblaut oder leise seinen Namen sage, indem ich mir sein Bild in die Seele rufe oder indem ich ein Bild von ihm anschaue. Ein weiterer Weg ist die Imagination oder Meditation, in der ich meinen seelischen Raum für den Verstorbenen leer mache und mich für ihn öffne. Deshalb möchte ich Sie zu solch einer Meditation einladen.

ÜBUNG

Meditation – Meinen inneren Raum öffne ich für dich

Ich möchte Sie bitten, sich Zeit und Ruhe zu nehmen. Gehen Sie in Ihren Körperraum, in den Brustkorb oder den Bauchraum und lassen Sie sich weit und offen werden, wie eine weite Landschaft, wie ein offenes und einladendes Zimmer, wie eine offene Schale. Lassen Sie sich dafür Zeit. Lassen Sie sich Zeit, innerlich bereit und offen zu werden.

Dann laden Sie Ihren geliebten Menschen ein. Vielleicht sagen Sie leise seinen Namen, vielleicht seinen Kosenamen, vielleicht summen Sie nur leise. Sie können ihm sagen: »Ich lade dich ein! Wenn du magst, kannst du jetzt in mir einfach da sein. Ich habe meinen inneren Raum für dich vorbereitet. Du kannst ganz für dich entscheiden, ob und wie du in mir da sein magst.« Nun lassen Sie alles in sich geschehen, was geschieht. Vielleicht spüren Sie den geliebten Menschen in sich, vielleicht steigt das Bild von ihm in Ihnen auf. Vielleicht ist es jetzt auch nicht an der Zeit. Dann sagen Sie Ihrem geliebten Menschen: »Meine Einladung an dich bleibt bestehen und ich freue mich, wenn du sie später annehmen kannst, wann immer und wie immer es für dich stimmen mag. Es kann in einem plötzlichen Einfall geschehen, in einer Erinnerung, im Traum.«

Machen Sie sich bewusst, dass eines wichtig ist, nämlich dass Sie in Ihrem Inneren offen und einladend für den Verstorbenen sind, dass Sie Ihrem Unbewussten als sicherem Ort für Ihren geliebten Menschen vertrauen. Aus dieser Tiefe wird Ihr geliebter Mensch Ihnen entgegen kommen, nahe kommen, da sein.

Wenn Ihr geliebter Mensch in Ihnen präsent ist, können Sie mit ihm reden, seine Nähe mit ihm teilen und diese Erfahrungen ganz in sich aufnehmen, in Ihren Körper, in Ihren Atem, in Ihren Pulsschlag. Sie spüren und wissen, Ihr geliebter Mensch ist ständig bei Ihnen, weil er in Ihnen ist, Ihr ständiger Begleiter, so etwas wie ein Wesen, vielleicht wie ein Engel oder welches andere Bild für Sie stimmen mag.

Du bleibst Teil unserer Familie

Nicht nur im eigenen Inneren der Hinterbliebenen, sondern auch im Raum der Familie braucht der Verstorbene einen guten Platz. Er kann dann für die gesamte Familie zu einem Gegenüber und einem Begleiter werden. Eltern und Großeltern werden zu Ahnen, die der Familie eine Tradition, eine Verwurzelung und damit Sicherheit geben können. Verstorbene Schwestern oder Brüder werden zu Begleitern und Ratgebern der Familie, die mit der Familie mitgehen und mit ihr wachsen. Verstorbene Kinder werden für die Familie zur Aufgabe und zum Vermächtnis, das weiter zu führen, was diesem Kind nicht vergönnt war.

Der Verstorbene erhält in der Familie einen sicheren Platz, wenn

- mit seinem Sterben und Tod offen umgegangen wird. Es darf darüber geredet werden, warum und wie der Verstorbene zu Tode kam.
- immer wieder Erinnerungen an ihn und an gemeinsame Erfahrungen ausgetauscht werden.
- es einen immer wieder aufgesuchten Ort des familiären Gedenkens gibt, meist wird dies das Grab des verstorbenen Familienmitgliedes sein.
- wichtige Gedenktage von der ganzen Familie erinnert und begangen werden.
- er in seiner Person und in seiner Bedeutung für die Familie gewürdigt wird.
- auch seine schwierigen und dunklen Seiten behutsam und würdevoll benannt werden dürfen.
- sein Leben und Tod als Verpflichtung, Aufgabe oder Vermächtnis für die Familie verstanden werden.

Das Familiengedenken und der unbewusste Raum der Familie werden dann zum sicheren Ort für den Verstorbenen. Er »lebt« in ihr und in ihren Mitgliedern weiter und ist fester Teil der Familiengeschichte. Er ist weiterhin ein wichtiges Familienmitglied, das präsent ist und die Gemeinschaft mitprägt. Bildlich gesprochen ist er ein Stern in der Milchstraße der Familienmitglieder über Generationen hinweg. Ohne ihn wäre diese Milchstraße um einen wichtigen Stern ärmer und würde an Glanz und an Weite verlieren.

Wie viele Familienaufstellungen zeigen, sind für das Unbewusste einer Familie die Verstorbenen genau so wichtig wie die Lebenden. Das Familienunbewusste macht hier letztlich keine Unterschiede. Wichtig ist allein, welche Position, welche Bedeutung und welchen Rang ein Familienmitglied einnimmt. Verstehen dies die Lebenden, wird es ihnen möglich sein, dem Verstorbenen einen guten und gewürdigten Platz im Familiensystem zu geben, weil sie damit auch die eigene Familie würdigen. Mit diesem guten Platz kommt das Familiensystem in eine innere Balance, die für den Bestand und das Wachstum einer Familie und ihrer lebenden Mitglieder förderlich ist.

ÜBUNG

Ein guter Platz in der Familie für den Verstorbenen

Nehmen Sie ein großes Blatt Papier. Denken Sie an die Familienmitglieder Ihrer Generation, Ihrer Eltern- und Großelterngeneration und der Generation Ihrer Kinder. Stellen Sie sich vor, dass auf diesem Papier jedes Familienmitglied seinen guten Platz findet, auch die verstorbenen Familienmitglieder. Nehmen Sie für die weiblichen Familienmitglieder einen Kreis, für die männlichen ein Quadrat als Symbol. Malen Sie nun Ihre Familie in diesen Symbolen auf das Papier. Achten Sie darauf, dass jeder eine guten Platz findet. Achten Sie besonders auf Verstorbene, auch auf die Verstorbenen, über die nicht geredet wird. Achten Sie besonders auf den verstorbenen Menschen, über dessen Tod Sie noch trauern. Vielleicht braucht er zurzeit noch einen besonderen Ehrenplatz in der Mitte der Familie, vielleicht malen Sie sein Symbol besonders kräftig oder größer als die der anderen.

Prüfen Sie mit Ihrem Gefühl, ob jeder nun einen guten Platz hat. Wenn es nicht ganz stimmt, dann verändern Sie die Zeichnung nochmals solange, bis sie stimmt.

Dann legen Sie dieses Bild vor sich hin. Wenn Sie mögen, können Sie in das Symbol für die Familienmitglieder das jeweilige Portraitfoto einkleben. Für den verstorbenen geliebten Menschen suchen Sie ein für Sie besonders wichtiges Foto aus. Wenn Sie mögen, können Sie ihm sagen: »Es ist gut, dass du wie alle anderen Familienmitglieder zu unserer Familie gehörst. Du und wir alle gehören dazu, wir alle und du sind Teil unserer Familie und du bist ungeheuer wichtig für unsere Familie.«

10 In Beziehung bleiben

»Die Liebe lässt uns miteinander leben«

Eine Beziehung wie jede andere auch?

Wenn ich an den Unfalltod meines Sohnes denke, werde ich immer wieder wütend auf ihn. Ich schimpfe mit ihm: »Wie konntest du dich nur auf den Motorroller setzen? Warum warst du nicht vorsichtiger?« Dann sehe ich ihn auf seine unnachahmliche Art mit den Kopf schütteln und sagen: »Das haben doch alle gemacht.«

Immer wieder bin ich auch zornig darüber, dass sein Tod uns so viel Leid bereitet. Dann sehe ich, wie mein Sohn – wie früher auch – bedauernd seine Schultern hochzieht, wie er meine Frau tröstet.

Mein Zorn hält dann meist nicht lange an und ich verzeihe ihm – bis zu meinem nächsten Ärger über ihn.

Wie dieses Beispiel zeigt, gleicht die Beziehung zu meinem Sohn in vielem einer ganz normalen Vater-Sohn-Beziehung. Ich streite mit ihm, ich verzeihe ihm, ich diskutiere mit ihm, ich umarme ihn, nehme ihn mit zu Unternehmungen, bin traurig über seine Abwesenheit – eben alles, was zu einer lebendigen Beziehung gehört. Je länger die Zeit seines Todes währt, umso selbstverständlicher und normaler wird diese innere Beziehung. Und ich bin ungeheuer froh, dass ich diese ganz besondere Beziehung zu meinem Sohn haben darf. Es tröstet mich in einer sehr tiefen Weise.

Natürlich bin ich und bleibe ich untröstlich, dass ich meinem Sohn nicht mehr real begegnen kann. Das wird bleiben – aber bleiben wird eben auch meine innere Beziehung zu ihm. Wie jede andere Beziehung ist auch sie vielen Veränderungen und Entwicklungen unterworfen, die aber ganz normal sind. So kann sie zum Beispiel mit der Zeit weniger intensiv werden. Andere Hinterbliebene entdecken zunehmend auch problematische Seiten an der Person des Verstorbenen, die sie in der akuten Trauer nicht wahrnehmen konnten. Für viele Hinterbliebene sind diese Entwicklungen beängstigend. Deshalb möchte ich die Prozesse der inneren Beziehung zum Verstorbenen näher beschreiben. Es sind Prozesse, die wie von selbst aus unserem Unbewussten heraus geschehen. Zugleich haben die Hinterbliebenen wie in jeder Beziehung auch bestimmte Beziehungsaufgaben, die es zu bewältigen gilt.

Lassen Sie sich auf die Beziehung zu Ihrem geliebten Menschen ein. Leben Sie das Schöne und das Schwierige in dieser ganz normalen und doch so anderen Beziehung.

Auch die Entwicklungen, die dann stattfinden, sind Teil Ihrer gemeinsamen Beziehung. Sie bergen ein Risiko, sind aber auch Chancen, die Beziehung zum geliebten Menschen lebendig bleiben zu lassen.

Zwei Beziehungswelten – ein nötiger Übergang

In der ersten Phase erleben die meisten Hinterbliebenen ihre Trauer und ihre innere Nähe zum Verstorbenen als eine eigene, abgeschlossene Welt. Sie »sind« zunächst ganz und gar Trauer, sie sind ausgefüllt von der Abwesenheit des Verstorbenen und der eigenen Leere. Für viele Trauernde ist es beängstigend, dass die Trauer- und Beziehungsarbeit fast den ganzen psychischen Raum einnimmt und so viel Energie kostet. Dies zeigt aber, wie groß die nun anstehende Aufgabe ist: Es geht um nichts anderes als darum, eine neue und andere Beziehungsform zum Verstorbenen zu finden. Und diese Beziehungsarbeit braucht neben dem Trauern die Hinwendung zum Verstorbenen.

Für die anderen Menschen aber geht nach der Beerdigung das Leben wie gewohnt weiter. Der Trauernde bleibt in unserer Kultur allein zurück und geht nun auf die Suche nach einem sicheren Ort für den Verstorbenen. Er versucht Erinnerungen zu aktivieren, ein inneres Bild vom Verstorbenen zu finden, ihn als Gegenüber zu entdecken und die ersten Nähe- und Beziehungserfahrungen zu erleben. Damit entsteht im Hinterbliebenen eine innere Beziehungswelt, während er sich zugleich schon wenige Tage oder Wochen nach der Beerdigung wieder auf die äußere Welt einlassen muss. Er muss in der Regel bei der Arbeit, in der Familie und bei Freunden und Bekannten wieder »funktionieren«. Viele Trauernde spüren aber auch – je nach Schwere des Verlusts –, dass sie in der ersten Zeit noch nicht wirklich in die äußere Welt zurückkehren können. Sie erleben sich als neben sich stehend, fremd oder heimatlos. Was im Alltagsleben geschieht, erscheint belang- oder sinnlos.

Allerdings ziehen die Pflichten, Aufgaben und alltäglichen Beziehungen den Trauernden mehr und mehr in die äußere Realität. Er beginnt, das Äußere wieder stärker wahrzunehmen und dabei sich selbst nicht ausschließlich als Trauernden zu erfahren. Er kehrt damit allmählich wieder in die äußere Realität zurück, auch wenn er innerlich noch mit der Trauer und der inneren Beziehung zum Verstorbenen beschäftigt ist. Deshalb sagen viele Trauernde in der Anfangszeit: »Ich lebe in zwei Welten. In meiner Trauerwelt und in der realen Welt.«

Für Hinterbliebene ist diese Spaltung und Spannung nicht leicht auszuhalten. Der Trauernde darf seine Trauer aber nicht zugunsten der äußeren Realität aufgeben. Im Gegenteil: Er sollte die innere Trauer- und Beziehungswelt schützen, ihr allerhöchsten Wert beimessen und sich sehr bewusst Zeit dafür nehmen. Denn jetzt, nach der Beerdigung, kann im inneren Prozess die Beziehung zum Verstorbenen begonnen, gefestigt und gelebt werden. Die innere Beziehungswelt braucht jetzt viel Beachtung und der Verstorbene viel Zuwendung, auch wenn dies zunächst auf Kosten der äußeren Welt geht und manchmal die Spannung unerträglich zu werden droht.

Lassen Sie sich nach der Beerdigung auf Ihre innere Beziehungswelt ein. Wie beim Verlieben braucht der verstorbene geliebte Mensch jetzt Ihre Kraft, Zeit und Liebe. Jetzt entsteht der so wichtige Anfang einer neuen und anderen Beziehung zum Verstorbenen! Das andere darf jetzt nicht so wichtig sein, auch wenn Sie vorübergehend wie in zwei Welten leben.

Sie können sicher sein, dass sich diese Welten in der weiteren Entwicklung wieder zusammenfügen. Sie werden dabei den Verstorbenen in die reale Welt mitnehmen können. Sie werden weder ihn noch sich selbst noch die Alltagswelt verlieren.

Von der Idealisierung zu einer realistischen Sicht – Auch du hast deine Schattenseiten

In der ersten Phase der Beziehung zum Verstorbenen ist der Trauernde in seinem Denken und Fühlen dem Verstorbenen sehr nah. Die Trauer ist hier der Zwilling der nun intensiv aufbrechenden und bewusst werdenden Verlustliebe. Trauernde können den Verstorbenen nur mit den Augen dieser Liebe sehen. Zugleich wollen sie ihn mit allem, was an ihm wichtig und wertvoll war, festhalten.

Das führt notwendigerweise zur Idealisierung seiner Person und der bisherigen Beziehung zu ihm. Wir sehen an ihm nur die hellen, liebenswerten Seiten und vergrößern diese in unserer Erinnerung. Wir erinnern uns vorwiegend an die schönen und angenehmen Seiten unserer Beziehung. Ärgerliches, Konflikte, ungeklärte Themen blenden wir eher aus. Wie beim Verlieben ist das ganz normal und nötig. Die Idealisierung hilft, eine ungestörte emotionale Basis zum Verstorbenen zu legen – und die brauchen Hinterbliebene, damit sie sicher werden können, dass ihnen der Verstorbene nicht verloren geht. Wir könnten die erste Beziehungsphase zum Verstorbenen als ein Verlieben verstehen, das eine andere, eben innere Beziehungsweise zum Verstorbenen begründet.

Allmählich drängen sich Hinterbliebenen auch andere Gedanken und Gefühle auf. Sie mögen zunächst erschrecken, weil sie das gute Bild vom Verstorbenen und die Nähe zu ihm nicht gefährden wollen. Wegschieben oder Verdrängen hilft meist nur vorübergehend, zumal sich die ärgerlichen Gefühle langsam dann doch gegen den Verstorbenen und die Beziehung zu ihm richten. Deshalb sollten Hinterbliebene nun sehr bewusst auch das Schwierige am geliebten Menschen und in der Beziehung zu ihm wahrnehmen. Folgende Schritte könnten Sie dabei tun:

- Überlegen Sie, was Sie früher an dem geliebten Menschen gestört, genervt und geärgert hat.

- In welchen Situationen und bei welchen Themen sind Sie mit ihm in heftige Diskussionen oder Streit geraten?
- Wo sind Sie noch wütend oder »böse« auf den Verstorbenen? Nicht selten sind Hinterbliebene auf ihn »böse«, weil er sie mit seinem Tod verlassen und allein gelassen hat und ihnen viel Trauer und Leid zugefügt hat. Besonders schwierig ist das bei einem Suizid.
- Gibt es noch alte Enttäuschungen und Verletzungen, die mir der geliebte Mensch zugefügt hat? Wo ist er mir noch etwas schuldig? Was ist für mich noch nicht aus- und angesprochen, was ist noch offen und unerledigt, was ist noch nicht verziehen?
- Dazu gehört freilich auch umgekehrt: Wo habe ich den geliebten Menschen enttäuscht, verletzt oder ungeliebt gelassen? Wo stehe ich noch in seiner Schuld? Was möchte ich also meinerseits mit ihm noch in Ordnung bringen?
- Was sind die schwachen, ungeklärten Seiten des Verstorbenen? Wo sind auch nicht verstehbare, geheimnisvolle Seiten von ihm, die sich mir nicht mehr erschließen werden und die ich als solche akzeptieren muss?

Wenn Sie sich darüber Rechenschaft abgelegt haben, könnten Sie das im inneren Dialog mit dem Verstorbenen besprechen. Dabei darf es auch zur heftigen Diskussion, zur Auseinandersetzung und zum Streit kommen. Der Verstorbene wird seine Gegenargumente und seine Gesichtspunkte einbringen. Nur so kann etwas in der Beziehung zwischen Hinterbliebenem und Verstorbenem geklärt werden. Bei ursprünglich sehr problematischen Beziehungen zum Verstorbenen kann dies ein langer und intensiver Prozess werden, der nicht selten auch therapeutische Begleitung braucht.

Kann die Beziehung zum Verstorbenen geklärt werden, dann bemerken Hinterbliebene, dass die Beziehung zu ihm noch einmal klarer und intensiver wird. Sie können nun den Verstorbenen realistischer sehen, das heißt auch seine Schattenseiten wahrnehmen und sie in das Bild von ihm integrieren. So nehmen sie ihn in seiner ganzen Person ernst und würdigen ihn damit. Er sitzt nun nicht mehr auf dem »Thron« der Idealisierung, wohl aber erhält er im Hinterbliebenen einen guten, gewürdigten Platz. Nun können auch die früheren Konflikte und Probleme in der gemeinsamen Beziehung als notwendig und sinnvoll anerkannt werden. Vielleicht können beide dann über die beiderseitigen Schwächen, Schattenseiten und Konflikte versöhnlich lächeln. Eine Witwe sagt von ihrem verstorbenen Mann und ihrer früheren Beziehung zu ihm: »Jetzt verstehe ich, warum ich immer wieder bei denselben Themen mit meinem Mann streiten musste. Er war einfach so, und ich konnte ihn einfach nicht so lassen, wie er war. Aber er hat meine Kritik auch gebraucht, sonst wäre er ganz faul geworden. Natürlich war ich auch an unseren Problemen beteiligt. Aber jetzt kann ich ihn so lassen, und das tut uns beiden gut.« Für einen solchen Schritt der Versöhnung ist die nachfolgende Übung hilfreich.

ÜBUNG

Versöhnungsbrief an den Verstorbenen

Wenn Sie schon länger im Gespräch mit Ihrem geliebten Menschen sind, manches mit ihm ausdiskutiert, vieles an Ungeklärtem schon ausgeräumt haben, könnten Sie ihm einen Brief schreiben, in dem Sie sich mit ihm aussöhnen.

Schreiben Sie Ihrem geliebten Menschen, wie wichtig er für Sie im Leben war und wie wichtig er bleibt. Deshalb möchten Sie sich mit ihm versöhnen.

Beschreiben Sie zuerst, bei welchen Themen Sie ihn enttäuscht oder verletzt haben. Erklären Sie ihm, warum Sie damals so gehandelt haben, ohne sich allerdings zu rechtfertigen oder zu verteidigen. Schreiben Sie, dass es Ihnen Leid tut und bitten Sie ihn um Entschuldigung.

Dann beschreiben Sie, worin Sie von Ihm enttäuscht und verletzt wurden. Beschreiben Sie ihm, wie und warum das für Sie damals schlimm war. Schreiben Sie dann, dass dies nun vorbei ist und Sie bereit sind zu verzeihen.

Dann könnten Sie – wenn es für Sie so stimmt – den Brief abschließen, indem Sie ihm schreiben, wie gut dieser Brief Ihnen tut, wie erleichtert und frei Sie sich nun fühlen. Drücken

Sie die Hoffnung aus, dass es ihm ganz ähnlich damit geht. Wenn dies nicht der Fall wäre, solle er sich melden und Widerspruch anmelden. Dann müssten Sie beide erneut das noch Ungeklärte ausdiskutieren.

Die Normalisierung als Chance und Risiko – Ich will dich auch im Alltag nicht verlieren

Bei herrlichem Wetter fahre ich durch eine schöne Landschaft. Im Radio läuft mitreißende Musik. Selbstvergessen singe ich mit. Nur eine Sekunde später erschrecke ich zutiefst. Was mache ich da? Das will ich doch gar nicht. Wenn ich fröhlich oder ausgelassen bin, verrate ich dann nicht meinen Sohn? Heißt das, dass ich nicht mehr um ihn trauere, dass er mir schon gar nicht mehr fehlt? Wie viele Hinterbliebene erlebe ich hier Schuldgefühle gegenüber meinem Sohn. Ich habe den Eindruck, dass ich ihn verlasse, allein in seinem Tod lasse und ihn damit verrate.

Mit zunehmender Zeit gewinnt der Alltag für den Hinterbliebenen an Bedeutung und Einfluss. Die unmittelbare Trauer lässt nach, die Alltagsroutine setzt ein. Mit der Rückkehr in den Alltag verändert sich auch die Beziehung zum Verstorbenen. Hinterbliebene denken nicht mehr so oft an ihn, sie fühlen sich dem geliebten Menschen nicht mehr so nahe, Erinnerungen an ihn lösen weniger Schmerz aus, manchmal werden die Erinnerungen auch blasser und weniger detailgetreu. Dies löst Angst aus: Verliere ich den Verstorbenen? Geht unsere Liebesbeziehung zu Ende? War die bisherige Nähe nur eine Illusion, die sich jetzt im Alltag nicht bewährt und sich als Täuschung erweist?

Dazu kommt beim Hinterbliebenen noch ein zweiter Prozess: Er kann sich selbst allmählich mehr auf den Alltag einlassen, er findet wieder an vielen Dingen Freude, kann sich und seine Trauer auch einmal vergessen. Zwar freuen sich darüber die Mitmenschen, für den Betroffenen kann dies aber sehr bedrohlich wirken.

Die Beziehung zum Verstorbenen ändert sich also in doppelter Hinsicht: Er scheint sich immer mehr zu entziehen und der Hinterbliebene scheint ihn zu vergessen. In der Regel ist dies jedoch kein Alarmzeichen, sondern ein Zeichen dafür, dass sich die Beziehung zum Verstorbenen wie jede andere Liebesbeziehung normalisiert. Hier ist kein Abschied vom Verstorbenen nötig, wohl aber ein kleiner Abschied von der intensiven Anfangsbeziehung zu ihm. Die Veränderungen sind auch ein Hinweis darauf, dass nun die Beziehung zum Verstorbenen wie jede andere Liebesbeziehung der Pflege bedarf. Dies kann zum Beispiel das bewusste Erinnern oder das Gestalten von Gedenktagen sein.

Zunächst aber steht mit der Normalisierung an, dass sich Hinterbliebene und Verstorbene in (die Betonung liegt auf »in«) der Beziehung Freiräume geben. Jeder der beiden darf und kann sein eigenes Leben leben. Ich muss deshalb nicht ständig an den anderen denken. Ich muss meine Liebe zum Verstorbenen nicht immer nur in Trauer und Schmerz ausdrücken. Nun zeigt sich, dass die Liebe dieser Beziehung eine selbstverständliche Sicherheit schenkt. Es gibt eine tiefe Verbundenheit über die gemeinsame Erfahrung des Sterbens und des Trauerns. Diese Verbundenheit lässt Freiräume für beide Seiten zu, die in keiner Weise die Beziehung zum Verstorbenen gefährden können. Der Verstorbene ist so sicher in unserem Unbewussten verwurzelt, dass er im Raum unserer Seele und Liebe niemals verloren gehen kann. Deshalb können Hinterbliebene mit der folgenden Übung ihrem geliebten Menschen seine Freiheit zusagen und diese auch für sich selbst in Anspruch nehmen.

ÜBUNG

Gegenseitige Zusage der Freiheit in Liebe

Sie können sich vorstellen, Ihrem geliebten Menschen Freiheit und Autonomie in Ihrer gemeinsamen Beziehung zu schenken, indem Sie ihm folgende Sätze sagen:

»Weil ich dich liebe und weiß, dass du mich liebst, möchte ich dir Freiräume in unserer Beziehung schenken – und sie mir selbst für mich nehmen. Ich liebe dich als eigenständiges Gegenüber, das frei ist in der Liebe. Und ich weiß, dass du mich liebst und mich deshalb als eigenständigen Mensch willst. Ich liebe dich und lasse dir dein Leben in deiner ganz anderen Welt, weil ich weiß, dass du aus Liebe bei mir bleibst. Und ich weiß, dass du mir mein Leben lässt, weil du weißt, dass ich aus Liebe bei dir bleibe.«

Die Integration der Beziehung zum Verstorbenen – Überall gehörst du zu mir

Nicht jedem Hinterbliebenen ist es vergönnt und nicht immer kann es gelingen, dass am Ende eines Entwicklungsweges die Integration der Beziehung zum Verstorbenen steht. Was ist damit gemeint?

Der Verstorbene gehört nun so sehr zum inneren Leben des Hinterbliebenen, dass dieser wie selbstverständlich mit ihm lebt, so als gehöre er schon immer in dieser inneren Beziehung zu ihm. Der Verstorbene ist in ganz verschiedenen Facetten im Hinterbliebenen lebendig: als personales Gegenüber, als lebendige Erinnerung, als Helfer und Begleiter, als Energie, als Kraftquelle, als innere Stimme, als Vermächtnis und Lebensaufgabe. Der Hinterbliebene fühlt in sich die Gewissheit, dass der Verstorbene seinen sicheren Ort gefunden hat. Meist hat der geliebte Mensch für den Hinterbliebenen mehrere sichere Orte gefunden. So kann er an den Orten der Erinnerung, in der Natur, an einem transzendenten Ort und zugleich im Herzen des Hinterbliebenen sein. Der Verstorbene ist in dichten Momenten ungeheuer nahe, in längeren Zeitabschnitten oft auch fern. Für den Hinterbliebenen ist beides in Ordnung, weil die Beziehung zu ihm in einer großen Lebendigkeit zwischen Nähe und Abstand, zwischen tiefer Bindung und großer Freiheit, zwischen emotionaler Dichte und großer Gelassenheit schwingt.

Viele Hinterbliebene berichten, dass sie nun weniger an den Tod, das Sterben und die Abwesenheit des geliebten Menschen denken als vielmehr an die gemeinsame Geschichte, an die gemeinsam gelebte Liebe und an das Schöne in ihrer Beziehung. Es bleibt zwar immer eine Grundtraurigkeit und eine gewisse Wehmut, aber die Freude und Dankbarkeit über das gemeinsam Erlebte überwiegen mehr und mehr.

Auch nach außen ist der geliebte Mensch nun selbstverständlich überall dabei. Die Betroffenen können über den Verstorbenen reden, wenn es passt und stimmt, weil er zu ihrem Leben und damit auch in dieser konkreten sozialen Situation dazugehört. Aber sie müssen nicht mehr zwanghaft den eigenen Verlust thematisieren oder auf andere neidisch sein, die noch einen Partner oder noch ein Kind haben. Die Hinterbliebenen wissen jetzt, dass auch sie noch einen Partner, noch ein Kind »haben«, aber eben in einer anderen Beziehungsweise in einer anderen Welt. Sie begreifen zudem, dass das »Haben« eines lieben Menschen nur ein »Haben« auf Zeit ist – die einen haben ein wenig mehr Zeit, die anderen weniger. Doch dieser zeitliche Unterschied ist letztlich gering und durch die innere Präsenz des Verstorbenen schon aufgehoben, sodass die Zurückgebliebenen sich nicht mehr grämen, traurig oder depressiv sein müssen.

Das Überraschendste einer integrierten Beziehung zum Verstorbenen liegt darin, dass die Hinterbliebenen mit ihm auch neue Erfahrungen machen können. So berichtet eine Mutter, die ihre zehnjährige Tochter verloren hat, dass ihre verstorbene Tochter mit der restlichen Familie in das neue Haus mit eingezogen ist. Sie selbst und alle Beteiligten wissen und spüren, dass die Tochter beim Umzug dabei war und nun mit im neuen Haus lebt. Selbstverständlich erhält sie in Form der aufgestellten Bilder und Erinnerungsstücke auch im neuen Haus ihren Platz. Und selbstverständlich redet die Mutter mit ihr über den Umzug und zeigt ihr die Zimmer des neuen Hauses. Das geschieht ohne großen Aufwand und gehört so zu diesem Umzug, als wäre die Tochter leiblich mit eingezogen. Zugleich kann sich die Mutter erlauben, dass das neue Haus auch ein neuer Abschnitt in ihrer Bewältigung des Todes ihrer Tochter ist. Sie kann das neue Haus ohne Schuldgefühle genießen und sich wieder mehr dem eigenen Leben zuwenden.

Wenn die Integration in dieser Weise gelingt, könnte man am Schluss sagen, dass die Beziehung zum Verstorbenen selbst zum sicheren und geborgenen Ort seiner Weiterexistenz wird. Die Liebe ist es also letztlich, die für die Geborgenheit und Gehaltensein des Verstorbenen sorgt.

Und wenn umgekehrt – wie es die biblische Tradition bezeugt – Gott die Liebe ist, dann ist er als die unendliche Liebe der Garant für eine ewige Beziehung zum geliebten Menschen. Wenn Gott die Liebe ist und die Liebe Gott ist, dann ist er und in ihm die Liebe der innerste und sicherste Grund für eine liebende und lebendige Beziehung zum Verstorbenen und des Verstorbenen zu uns. Die folgende Übung möchte die Integration des Verstorbenen unterstützen.

ÜBUNG

Imagination – Du bist ein Teil in mir, ich bin ein Teil in dir

Wenn Sie möchten, können Sie sich Folgendes vorstellen. Es mag Sie unterstützen, den Verstorbenen als ganz zu Ihnen gehörigen Teil zu erleben. Umgekehrt können Sie sich als Teil von ihm, als Teil der gemeinsamen Beziehung erleben.

Wenn Sie mögen, können Sie sich vorstellen, dass Sie ruhig und konzentriert dasitzen und Ihr geliebter Mensch auf Ihrem Schoß sitzt.

Sie umarmen ihn intensiv. Während der Umarmung bemerken Sie überrascht und getröstet, wie der Verstorbene in Sie hineinschlüpft. Sie spüren ihn in sich, in Ihrem Leib, vielleicht wie in einer Schwangerschaft. Und Sie spüren, wie der Verstorbene sich in Ihnen ausdehnt, ausbreitet und Sie ganz erfüllt. Sie sind dabei ganz leicht und Sie sind dabei immer noch ganz Sie selbst, obwohl der Verstorbene sich ganz in Ihnen ausgedehnt hat. Es ist tröstlich, den Verstorbenen so nah in sich zu tragen und dabei ganz bei sich und ganz Sie selbst zu sein. Sie spüren dies als Energie der Liebe. Mit ihr und über sie sind Sie mit dem Verstorbenen in sich verbunden. Nichts kann sie mehr auseinander dividieren, nichts kann Sie mehr trennen.

Wenn Sie mögen, können Sie den gleichen Prozess nun umgekehrt vollziehen: Stellen Sie sich vor, Sie sitzen auf dem Schoß Ihres geliebten Menschen. Sie schlüpfen in ihn hinein. Sie werden eins mit ihm, sind ganz bei ihm wie ein Teil von ihm, sind ihm in der Liebe nahe und sind doch noch ganz Sie selbst.

Sie lassen beides auf sich wirken – er in Ihnen, Sie in ihm – und lösen sich dann wieder aus dieser Vorstellung, kommen hierher in Ihre faktische Wirklichkeit zurück. Das mag wehtun, aber Sie nehmen die Beziehung zum Verstorbenen als selbstverständlichen Teil Ihrer Person mit. Sie wissen um die selbstverständliche Verbundenheit mit Ihrem geliebten Menschen. Sie beide bleiben sich in Liebe nahe, auch wenn Sie beide sich im Alltag manchmal – und das ist ganz normal – vergessen, aus den Augen verlieren oder gegenseitig loslassen. Sie bleiben verbunden über die Liebe und die Liebe ist stärker als jede Trennung auf Zeit. Denn die Liebe ist stärker als der Tod.

11 Leben in der Hoffnung

»Eines Tages werden wir uns sehen und uns in die Arme fallen«

Ich will dir nachsterben und bei dir sein

Für Außenstehende ist es wohl kaum nachzuvollziehen: Nach dem Tod meines Sohnes wollte ich nur eines: sterben. Sterben, um dem unendlichen Schmerz zu entkommen? Ja, das auch. Aber viel wichtiger war die ungeheure Sehnsucht, bei ihm zu sein. Ich wollte ihm nachsterben, um das Gleiche wie er zu erleben, um ihn nicht allein zu lassen, um bei ihm zu sein.

Was sollte mich noch hier auf dieser Erde halten? Alles war verdunkelt, alles war nur noch mühsam. Wozu also noch diese unendlich schwere Mühe hier, wo doch nur eines lockte, nämlich die Begegnung mit ihm? Dabei hatte ich liebe Menschen hier auf Erden, die mich brauchten, die mir nah waren und für die es sich lohnte, hier zu bleiben. Das habe ich mir natürlich immer wieder gesagt, andere haben es mir immer wieder nahe gelegt. Aber das machte es nicht einfacher. Im Gegenteil: Die Sehnsucht war ungeheuer stark.

Ich wusste nur eine Möglichkeit, damit irgendwie zu leben. Ich musste diesen Wunsch, meinem Sohn nachzusterben, zulassen und so konnte ich ihn als Ausdruck meines Schmerzes, aber auch meiner Liebe zu meinem Sohn verstehen.

Bei schweren Verlusten von sehr nahe stehenden Menschen ist der Wunsch des Nachsterbens ganz normal. Der unter Schock und akuter Trauer stehende Hinterbliebene sieht in dieser Phase nur eine Möglichkeit, dem Verstorbenen nahe zu sein. Nur über die Identifikation mit dem Verstorbenen und dessen Tod ist die Nähe einzuholen. Das Nachfolgen wäre die Erlösung vom eigenen Schmerz, vom Verlust und der ungeheuren Ferne zum Verstorbenen. Deshalb ist es ebenfalls ganz normal, dass dieser Wunsch eine große Sogkraft entwickelt. Ältere Männer, die ihre langjährigen Ehefrauen verlieren, sterben nicht selten ihren Frauen nach. Das Leben ist für sie ohne ihre Partnerin nicht mehr lebenswert. Sie bringen nicht mehr die Kraft auf, ohne sie den Alltag zu bestehen. Der Tod ist dann Erlösung und Vereinigung mit der vorausgegangenen Ehefrau.

Dabei dürfen wir aber nicht übersehen, dass sich in diesem Wunsch die Schwester der Trauer, die Sehnsucht meldet. Sie zeigt ihre ganze Kraft in dem anfangs fast zwanghaften Gedanken, den Verstorbenen wieder sehen zu wollen – und zwar jetzt und sofort. Weil ich ihn so liebe, kann ich mir nicht vorstellen, getrennt von ihm und ohne ihn zu sein. Meine Liebe will die Trennung aufheben, und sei es um den Preis des eigenen Lebens, das ohne den geliebten Menschen nicht mehr viel wert scheint.

Weil andere Bindungen den Trauernden festhalten, wandelt sich dieser Wunsch allmählich in eine Hoffnung, den Verstorbenen später, am Ende des eigenen Lebens wieder zu sehen.

Eine Frau drückt das nach dem plötzlichen Tod ihres Mannes so aus: »Wenn wir uns nicht mehr wieder sehen, dann ist doch alles sinnlos.« Für viele Hinterbliebene muss es ein Wiedersehen geben. Das ist wiederum keine rational begründbare Aussicht. Aber für Trauernde entsteht diese Hoffnung aus der Logik der Liebe. Wenn die Liebe stärker ist als der Tod, dann ist der Tod nicht die letzte Schranke. Dann wird es ein Wiedersehen geben. Darauf richtet sich das Sehnen, dorthin ist der innere Blick gerichtet.

Lassen Sie Ihren Wunsch, dem Verstorbenen nachzusterben, zu! Er ist völlig in Ordnung. Er ist Ausdruck Ihrer großen Sehnsucht nach einer Wiederbegegnung und Ausdruck Ihrer Liebe, die Sie zu Ihrem geliebten Menschen zieht. Spüren Sie die Kraft, die in diesem Wunsch steckt. Es ist die Kraft, sich nicht mit dem Ende durch den Tod abzufinden. Es ist die Kraft, die sich allmählich in Hoffnung wandeln wird. Die Hoffnung heißt: Wir werden uns wiedersehen.

Ich lebe hier und freue mich auf dich

Der Tod eines nahe stehenden Menschen macht bewusst, dass die eigene Lebenszeit begrenzt ist. Bei einem schweren Verlust wirkt sich das so aus, dass viele Hinterbliebene das weitere Leben als eine Zwischen- oder Restzeit erleben. Die Zeit, die vor mir liegt, ist eigentlich nur eine Zeit, die mich vom Wiedersehen mit dem geliebten Menschen trennt. Für viele ist es eine Wartezeit, obwohl sie sich inzwischen wieder auf den Alltag eingelassen haben.

Für diese Menschen stimmt der Satz, den Bert Hellinger in seinen Familienaufstellungen immer wieder sagen lässt: »Ich lebe noch ein Weilchen, und dann komme ich auch.« Hinterbliebene meinen damit: »dann komme ich zu dir«.

Vieles, was in dieser Zwischenzeit geschieht, ist nicht mehr so wichtig und hat sich relativiert, wie das Erleben der Zeit sich insgesamt verändert. Die verschiedenen Zeiten scheinen nicht mehr klar getrennt: Manchmal liegt die Zeit vor dem Tod des geliebtem Menschen unendlich weit zurück, manchmal ist sie dem Hinterbliebenen näher als die eigene Gegenwart. Im Warten auf das Wiedersehen scheint die Zeit einerseits unendlich lang, andererseits ist seit dem Tod des geliebten Menschen noch kaum eine Stunde vergangen. Mit diesem verwirrenden Zeiterleben verschwimmt für viele die Bedeutung von Zeit. Was ist Zeit, was ist die Dauer des Lebens überhaupt? Was sind zehn, was zwanzig Jahre – und ist Dauer und damit Lebensdauer überhaupt wichtig, scheint doch die Zeit ohne den geliebten Menschen leer.

Die Lebenseinstellungen für diese Zwischenzeit können dabei durchaus sehr unterschiedlich sein, oft verändern sie sich über eine längere Zeit hinweg:

- Ich lebe für andere wichtige Menschen weiter, weil ich auch hier Bindungen und Pflichten habe und die anderen mich brauchen. Ich übernehme diese Aufgaben, aber eigentlich möchte ich bald zu dir.

- Ich lebe für andere in deinem Sinn, indem ich anderen das schenke, was ich von dir an Liebe erfahren habe. Manche engagieren sich in Selbsthilfegruppen für Trauernde oder verwaiste Eltern, andere engagieren sich für andere Hilfsprojekte. Was sie hier tun, tun sie im Auftrag des Verstorbenen und deshalb auch für ihn.
- Ich lebe für dich stellvertretend weiter. Ich lebe, was du nicht leben konntest. Ich nehme dich an die Hand und zeige dir all das, was du nicht sehen durftest. Vieles sehe und erlebe ich mit deinen Augen für dich, und dabei sehe ich die Welt auch mit deinen Augen.
- Ich darf für mich leben, wenigstens ein ganz kleines bisschen. Diese Einschränkung »ein klein bisschen« erlaubt es mir, ohne Schuldgefühle das Eigene zu leben und mir zunehmend mehr zu erlauben, das Leben wieder anzunehmen. Ich weiß, dass du mir dabei liebevoll lächelnd zuschaust.
- Ich lebe in vollen Zügen, weil ich weiß, dass das für dich in Ordnung ist und dass du mir das wünschen würdest. Du hast beispielsweise gesagt, ich soll mir einen neuen Partner suchen und mit ihm wieder glücklich werden. Ich lebe das neue Leben, ohne dich zu vergessen.

Diese verschiedenen Lebenshaltungen nach dem Tod eines nahe stehenden Menschen helfen, einerseits wieder das eigene Leben in der Welt leben zu können, andererseits in der Beziehung zum Verstorbenen bleiben zu können. Hinterbliebene können sich dann auf das Leben und auf die Beziehung zum Verstorbenen einlassen – und beides ist für sie wirkliches und ganzes Leben. Bei einer Auflösung dieser Polarität zu Gunsten einer Seite würden die Hinterbliebenen immer etwas Entscheidendes verlieren, entweder sich selbst oder den Verstorbenen. Deshalb sollten sie sich durch Außenstehende weder einseitig ins Leben, in den Alltag, in die Pflichten drängen lassen noch sollten sie sich selbst einseitig in die Beziehungswelt zum Verstorbenen zurückziehen, auch wenn das vorübergehend, insbesondere anfangs, nötig ist.

Vielleicht können Hinterbliebene lernen, dass sie ihrem geliebten Menschen in der inneren Beziehung, aber auch über das

Leben in der Welt nahe sein können. Der Verstorbene kann mir nahe sein in meinem Schmerz, in meiner Trauer, in meiner Sehnsucht, er kann aber auch in meiner Lebendigkeit lebendig sein, da meine Seele und mein Körper das unmittelbare Medium seiner Nähe und Präsenz sind. Ich könnte mir klar machen: Wenn mein Herz schlägt, schlägt sein Herz mit, wenn ich mich freue, wird er sich mit mir freuen, wenn ich etwas genieße, wird er es mit mir genießen, wenn ich Erfüllung erlebe, wird er zusammen mit mir erfüllt sein. Ich darf wieder in der Welt sein, wenn auch nur für diese Warte- und Zwischenzeit, weil damit der Verstorbene mit mir in die Welt zurückkehrt.

Dies ist freilich oft ein längerer Lernprozess, in dem ich erfahren muss, dass in meiner Lebendigkeit, in meinem Arbeiten, in meinem Genießen und in meiner Freude der Verstorbene mir nicht verloren geht, sondern genau darin mitlebt. Natürlich ist dieses Mitleben immer »nur« ein inneres Mitleben, aber das kann ich akzeptieren, wenn ich mir sicher bin, dass ich den Verstorbenen eines Tages wieder in die Arme schließen werde.

ÜBUNG

Mit dem geliebten Menschen hier lebendig bleiben

Sie können Ihrem geliebten Menschen in einem inneren Dialog sagen oder in einem Brief schreiben: »Ich lebe hier auf dieser Erde noch ein wenig, so wie es mir erlaubt und vergönnt ist, dann werde ich zu dir kommen – ganz sicher. Dann werden wir uns in die Arme fallen.

Bis dahin lebe ich noch ein bisschen. Ganz vorsichtig taste ich mich ins Leben zurück und achte gut darauf, dass ich dich nicht verliere. Ich möchte dich hineinnehmen in mein Leben. Ich weiß, dass du mit mir lebst. Je lebendiger ich wieder werde, desto lebendiger wirst du in mir. Ich versuche immer mehr, mich wieder am Leben zu erfreuen, weil ich weiß, dass du dich mitfreust. Ich versuche immer mehr, mich und meinen Körper zu spüren, weil ich dann dich in mir mehr spüren kann.

Habe keine Angst, ich will mich nicht im Alltag, in der Routine, in der Geschäftigkeit verlieren. Und wenn ich es tue und dich dabei vergesse, dann melde dich durch deine Nähe, dann zeige dich in meinen Träumen.

Ich meinerseits werde auch dich immer wieder suchen, auch wenn ich mehr und mehr ins Leben zurückkehre. Ich werde dich aufsuchen in meinen Erinnerungen, in meinen inneren Bildern, in meinem Gespräch mit dir, am Grab und wo immer ich dich zu finden weiß.

Ich weiß auch, dass all das nur die Zeit, die zwischen dem Heute und unserem Wiedersehen liegt, überbrücken soll. Denn ich bin sicher, dass wir uns – in welcher Weise und Gestalt auch immer – wieder sehen werden.«

Und dann werden wir uns in den Armen liegen

Der Wunsch nach einem Wiedersehen bleibt, auch wenn die innere Beziehung zum Verstorbenen intensiv gelebt wird. Hinterbliebene erleben dies nicht als Widerspruch. Im Gegenteil: Die Sehnsucht nach dem Verstorbenen steht neben der inneren Präsenz des Verstorbenen. Manchmal tritt sie vielleicht eher in den Hintergrund, dann bricht sie wieder wie neu auf, zum Beispiel als Wunsch, dass der Verstorbene in einer besonderen Situation jetzt dabei wäre. »Ach, wäre es schön, wenn er jetzt dabei sein könnte, wenn er jetzt kommen könnte und wir dies gemeinsam erleben könnten.« Dieser Gedanke kommt vielen Hinterbliebenen immer wieder und macht deutlich, wie mächtig der Wunsch nach einem Wiedersehen ist.

Dieser Wunsch ist nicht nur im einzelnen Betroffenen, sondern in allen mythischen und religiösen Traditionen präsent. Die Bilder und Symbole aus diesen Überlieferungen helfen dem Hinterbliebenen, die eigene Sehnsucht nach einem Wiedersehen zu formulieren, mit anderen zu teilen und sie in einen größeren Zusammenhang zu stellen. Sie sind für ihn zugleich eine von außen kommende Bestätigung und Versicherung der eigenen Hoffnungen.

Im Folgenden habe ich deshalb die wesentlichen Urbilder der Wiedersehensgewissheit zusammengestellt. In der hier gebotenen Kürze kann dies nur ein Impuls sein, dass Sie sich selbst auf die Suche nach den für Sie stimmigen Bildern machen. Wichtig dabei ist, dass Ihre eigenen Gefühle und Sehnsüchte mit den mythischen und religiösen Bildern korrespondieren und in einem Gefühl der Stimmigkeit zueinander finden.

Wir werden uns wieder sehen und in die Arme fallen,

– … wo auch immer, in einem Land, das ich nicht kenne.

Viele Hinterbliebene brauchen für ihre Gewissheit des Wiedersehens keine genaue Vorstellung, wo und wie das geschehen wird. Ihnen genügt das Vertrauen, dass das Wiedersehen geschehen wird. Sie spüren für sich genau, dass räumliche und konkrete Vorstellungen etwas vom Wunderbaren und von der Würde dieses Ereignisses nehmen würden.

– ... im Paradies und im Himmel.
Für viele andere sind konkrete Vorstellungen wichtig. Für sie braucht die zukünftige Begegnung mit dem Verstorbenen einen Ort. Im Paradies, dem ewigen Garten der Liebe, oder im Himmel, dem Reich der unendlichen Freiheit, erwartet uns der geliebte Mensch. Dort werden wir uns begegnen und miteinander leben. Auch dies sind archetypische Bilder, die sich jeder naturwissenschaftlichen Befragung und Beweisbarkeit entziehen. Wohl sind sie aber als Botschaft aus den tiefsten Schichten des Unbewussten ungeheuer tröstlich. Warum sollten Trauernde und Hinterbliebene sich dieses Trostes berauben? Warum sollten Hinterbliebene sich nicht einlassen dürfen auf die innere Wahrheit und Weisheit dieser Bilder? Im Lukasevangelium verheißt der gekreuzigte Jesus dem mitgekreuzigten Verbrecher: »Noch heute wirst du mit mir im Paradies sein.« (Lukas 24, 43)

– ... in der Auferstehung.
Im christlichen Glauben wird die leibliche Auferstehung der Toten erhofft. Der Leib wird dabei allerdings als ein verwandelter, neuer Leib vorgestellt, gekleidet in ein himmlisches, also transzendentes Kleid (1 Korinther 5,1–10). Er ist damit der Leib der reinen Liebe. In dieser Liebe werden wir dem Verstorbenen begegnen. Auch wenn das Neue Testament mit weiteren konkreten Angaben sehr zurückhaltend bleibt, ist für mich dieser Gedanke, dass wir uns im Leib der Liebe in die Arme fallen werden, ein ungeheuer schönes und aus der Logik der Liebe in sich zutiefst stimmiges Bild.

– ... in einem neuen Himmel und auf einer neuen Erde.
In der Offenbarung des Johannes (Offenbarung 21,1–5) geschieht am Ende der Tage eine gänzliche Neuschöpfung des

Himmels und der Erde. In dieser ganz neuen Welt gibt es keine Tränen, weil Gott alle Tränen abwischen wird, auch die Tränen des Verlustes und der Trauer. In diesem neuen Himmel gibt es keinen Tod, weil es dort in Gottes Gegenwart kein Sterben geben kann.
Diese großartige Sicht eines neuen Himmels und einer neuen Erde eröffnet uns mehr als nur ein Wiedersehen. Sie verheißt, dass wir und unsere geliebten Menschen gemeinsam in einem unendlichen Reigen der Liebe und des ewigen Lebens tanzen werden.

– … wenn alles in allem sein wird.
Für manche Hinterbliebenen sind eher abstrakte Bilder hilfreich, weil sie diese besser mit einem naturwissenschaftlich orientierten Weltbild vereinbaren können. Mit der Rückkehr der gesamten Wirklichkeit in eine Allwirklichkeit, in die Unendlichkeit oder in ein Nirwana kehrt unsere Person in ein großes Ganzes zurück. Unser Ich, unser Bewusstsein und unsere Person lösen sich in ein Größeres hinein auf. Eine ganz andere, nicht personale Wirklichkeit vereinigt die Ichs der Menschen auf einer ganz neuen Wirklichkeitsstufe, die mit unseren Erkenntnismöglichkeiten nicht zu begreifen ist. Deshalb lassen sich auch diese Erwägungen, wie sie im Buddhismus, aber auch in der christlichen Mystik gedacht werden, letztlich wieder nur in Bildern andeuten: Wie sich die verschiedensten Wellen im Meer vereinigen, wie die niederfallenden Regentropfen im See verschmelzen, so vereinigen sich die Ichs der Menschen im Großen und Ganzen und sind sich dort in einer anderen Wirklichkeit und auf eine ganz andere Weise nahe.

Viele Trauernde – und auch das ist wesentlicher Teil der Trauerarbeit – arbeiten diese verschiedenen Bilder eines zukünftigen Wiedersehens durch. Sie suchen sie mit allen Fragen und Argumenten, aber auch mit der ganzen Seele danach ab, worin sie ihrem eigenen inneren Wissen um eine Wiederbegegnung entsprechen. Nach meinem Verständnis ergänzen sich die oben beschriebenen Bilder, weil einzelne Bilder das Wunder des Wiedersehens immer nur aus einer beschränkten Perspektive beschreiben können. Zusammengenommen lassen sie wie in einem aus verschiedenen Scherben zusammengesetzten Spiegel ahnen, was mit uns und unseren Verstorbenen sein wird. Zusammengefügt lassen die verschiedenen Bilder das innere Wissen um ein gemeinsames ewiges Leben mit dem Verstorbenen gelassen und sicher werden.

ÜBUNG

Imagination – Wie in einem zusammengefügten Spiegel

Ich möchte Sie einladen, in der Vorstellung an einem Strand spazieren zu gehen, vielleicht barfuss, den Salzgeruch des Meeres in der Nase, die Meeresbrise weht Ihnen durchs Haar.

Während Sie so am Meeresrand entlang gehen, fällt Ihr Blick auf einen Gegenstand im Sand. Sie heben eine Scherbe aus Spiegelglas auf und schauen in diesen kleinen Spiegel. Mit Erstaunen sehen Sie, wie Ihnen Ihr geliebter Mensch in diesem kleinen Spiegelstück entgegenkommt. Sie sehen in der Spiegelscherbe, wie auch Sie loslaufen und Sie fallen Ihrem geliebten Menschen in die Arme. Wie schön ist diese Umarmung mitten in einem Paradiesgarten. Plötzlich verschwindet dieses Bild, weil Sie die Scherbe bewegt haben. Sie sind ein wenig traurig, dennoch bewahren Sie die Scherbe in Ihrer linken Hand auf.

Sie gehen ein Stück weiter. Da fällt Ihr Blick aber schon auf eine weitere Spiegelscherbe im Sand. Sie heben sie mit der Rechten auf und sehen in ihr, wie Sie und ihr geliebter Mensch sich wieder in die Arme fallen. Sie nehmen wahr, dass Ihre Körper ganz leicht, ganz licht sind. Sie spüren, dass dies der Leib der Liebe ist, mit dem Sie einander begegnen. So unendlich nahe sind Sie sich und so unendlich frei. Aber dann verschwindet auch dieses Bild in der kleinen Spiegelscherbe. Sie sind wieder ein wenig enttäuscht, suchen aber nun gezielt weiter, weil Sie wissen, dass Sie auf Ihrem Spaziergang neue Spiegelscherben finden werden.

Und wieder finden Sie ein Spiegelstück. Ein Scherbenstück, in dem Sie ganz wenig sehen können, weil es fast blind ist, und doch ist etwas wie von weitem zu erkennen. Nur in Umrissen, nur wie in einem Schatten. Sie ahnen das Bild eines Himmels, wie Sie ihn noch nie gesehen haben, so transparent, so weit, so lichtdurchflutet. Und Sie spüren, wie Sie mit Ihrem geliebten Menschen schwebend leicht, sich eng umarmend in einem Tanz drehen, zu Klängen, die vertraut und doch ganz anders sind. Dann zerfällt auch dieses Bild. Sie gehen weiter und finden vielleicht noch eine Spiegelscherbe. In ihr zeigt sich Ihnen ein Bild, das in Ihnen aufsteigt, das ganz das Ihrige ist. Ein Bild, das alleine Ihnen gehört. Ein Bild, in dem Sie auf Ihre ganz persönliche Weise Ihrem geliebten Menschen wieder begegnen, mit Ihrem geliebten Menschen vereint sind. Sie lassen dieses Bild in sich wirken, doch dann verschwindet auch dieses Bild aus dem Spiegelstück.

Sie blicken auf die verschiedenen Spiegelscherben in Ihrer Hand. Wie schön wäre es, wenn Sie die Scherben zu einem Spiegel zusammensetzen könnten. Aufgeregt knien Sie im Sand. Sie versuchen die Scherben zu einem Spiegel zusammenzulegen. Enttäuscht müssen Sie feststellen, dass die Bruchstücke nicht richtig zusammenpassen. Und doch glauben Sie in dem unvollkommenen Spiegel das Bild einer unbeschreiblich schönen Wiederbegegnung ahnen zu können. Sie spüren, wie Ihr Herz aufgeht, wie Liebe Sie überflutet.

Plötzlich kommt eine Welle – Sie hatten nicht bemerkt, wie nah Sie am Wasser gekniet haben – und schwemmt die Spiegelscherben weg. Sie versuchen noch, die Scherben festzuhalten und im Sand wiederzufinden, aber es ist zu spät. Sie sind weggetrieben und verloren.

Nach einer ersten Enttäuschung sind Sie doch ganz getröstet. Sie wissen, dass Sie die Bilder in den Spiegelscherben in sich tragen, dass Sie diese Bilder immer wieder in sich finden können. Und Sie wissen auch, dass Sie immer wieder am Strand entlanggehen und nach den Spiegelscherben suchen können. Sie sind sich sicher, dass Sie diese immer wieder finden werden. Manchmal erst nach längerer Suche, manchmal ganz rasch. Oft sind es die vertrauten Spiegelscherben. Ganz selten werden es neue Spiegelstücke sein. Dann werden Sie ganz neue Bilder vom Wiedersehen mit Ihrem geliebten Menschen entdecken. Jedes Mal, bei alten und neuen Scherbenstücken, sind Sie beglückt und getröstet.

Auch wenn jetzt dieser Strandspaziergang endet und Sie wieder in Ihre Alltagswirklichkeit zurückkehren werden, wissen Sie, dass Sie jederzeit neu aufbrechen können an den Strand, an dem Sie die Scherben eines zerbrochenen Spiegels finden werden. Und Sie wissen zunehmend, dass Sie eines Tages in den ganzen Spiegel blicken werden. Nein, noch mehr: dass Sie durch den ganzen Spiegel schauen werden, dass Sie durch den Spiegel auf Ihren geliebten Menschen zugehen werden, um ihm dann endlich in die Arme zu fallen.

Quellennachweise

S. 78/79: Rose Ausländer, Zusammenwachsen. Aus: dies., Im Aschenregen die Spur deines Namens. Gedichte und Prosa 1976. © S. Fischer Verlag GmbH, Frankfurt a. Main 1984
S. 105: Rose Ausländer, Nicht vorüber (Was vorüber ist/...). Aus: dies., Wieder ein Tag aus Glut und Wind. Gedichte 1980–1982. © S. Fischer Verlag GmbH, Frankfurt a. Main 1986
S. 114: aus: Antoine de Saint-Exupéry: Der kleine Prinz © 1950 und 2015 Karl Rauch Verlag, Düsseldorf
S. 131/132: Rose Ausländer, Letzte Wiederkehr/ins Nichts/... Aus: dies., Und preise die kühlende Liebe der Luft. Gedichte 1983–1987. © S. Fischer Verlag GmbH, Frankfurt a. Main 1988

Literatur

Ausländer, Rose: Im Aschenregen die Spur deines Namens. Gedichte und Prosa 1976, Band 4 der Gesammelten Werke, Frankfurt/M, 1984

Ausländer, Rose: Wieder ein Tag aus Glut und Wind. Gedichte 1980–1982, Band 6 der Gesammelten Werke, Frankfurt/M, 1986

Ausländer, Rose: Und preise die kühlende Liebe der Luft. Gedichte 1983–1987, Band 7 der Gesammelten Werke, Frankfurt/M, 1988

Barlowen, C. von: Der Tod in den Weltkulturen und Weltreligionen, Frankfurt/M., 2000

Bowlby, John: Verlust, Trauer und Depression, Frankfurt/M, 1983

Freud, Sigmund: Totem und Tabu, 1913, in: Gesammelte Werke Bd. IX, Frankfurt/M, 5. Aufl. 1969

Freud, Sigmund: Trauer und Melancholie, 1917, in: Gesammelte Werke Bd. X, 1913–1917, Frankfurt/M, 5. Aufl. 1969

Hark, H.: Den Tod annehmen, München, 1995

Jung, Carl Gustav: Die Archetypen und das kollektive Unbewußte, in: Gesammelte Werke Bd. 9/1, Olten, 6. Aufl. 1985

Klass, Dennis: The Spiritual Lives of Bereaved Parents, Philadelphia, 1999

Klass, Dennis, Silverman, P. R. u. Nickman, S. L.: Continuing bonds: New understandings of grief, Washington, 1996

Kast, Verena: Trauern. Phasen und Chancen des psychischen Prozesses, Stuttgart, 1977

Hellinger, Bert: Ordnungen der Liebe: ein Kursbuch, Heidelberg 1994

Reddemann, L.: Imagination als heilsame Kraft. Zur Behandlung von Traumafolgen mit ressourcenorientierten Verfahren, Stuttgart, 2001

Reddemann, L.: Psychodynamisch Imaginative Traumatherapie, Stuttgart, 2004

Saint-Exupéry, Antoine de: Der kleine Prinz, Düsseldorf, 1956

Seifert, A. und T.: So ein Zufall! Synchronizität und der Sinn von Zufällen, Freiburg i. Br., 2001

Schmidt, G.: Liebesaffären zwischen Problem und Lösung. Hypnosystemisches Arbeiten in schwierigen Kontexten, Heidelberg, 2004

Stephenson, G. (Hrsg.): Leben und Tod in den Religionen. Symbol und Wirklichkeit, Darmstadt 1980

Weber, W. (Hrsg.): Zweierlei Glück: die systemische Psychotherapie Bert Hellingers, Heidelberg, 1993